消えた歌姫

中森明菜

文藝春秋

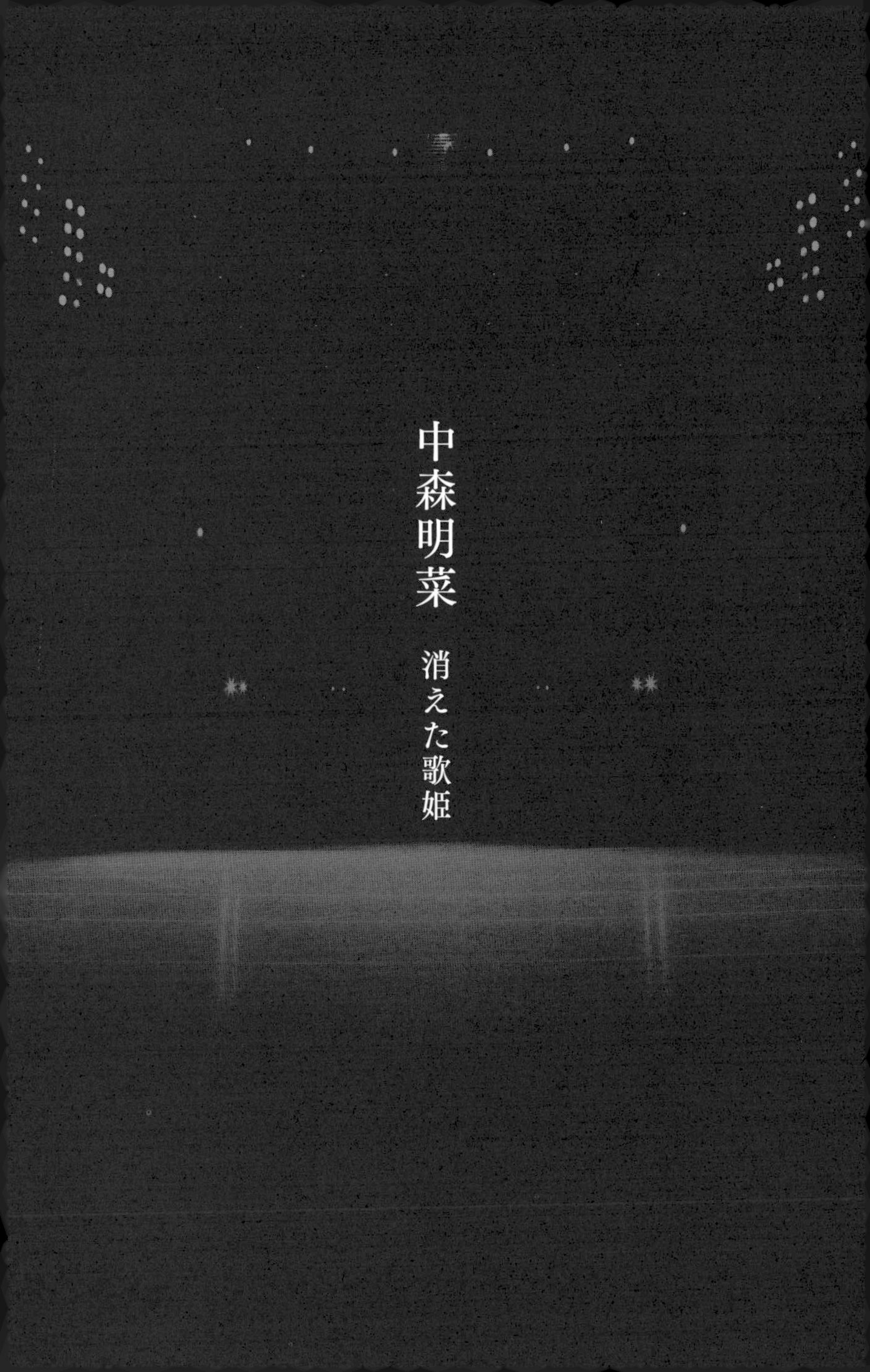

中森明菜

消えた歌姫

序章

デビュー四十周年

“伝説のコンサート”と呼ばれた1989年4月のライブ（YouTubeのWarner Music Japanチャンネルより）

五年の沈黙を破って

それは突然の〝復活宣言〟だった。

「いつも応援してくださるファンのみなさまへ。

ご無沙汰しております。中森明菜です」

中森明菜が約五年の沈黙を破って、写真付きで新設したツイッターのアカウントから、こうメッセージを送ったのは二〇二二年八月三十日のことだった。デビュー四十周年を迎え、体調は万全ではないながらも、再始動に向けて前向きな姿勢を見せ、新たな個人事務所「HZ VILLAGE」を設立したことも報告した。

情報は瞬く間に拡散し、ツイッターのフォロワーはその日のうちに三十万人を突破、その人気ぶりを改めて実証する形となった。

それまで復活の兆しはまったくなかった。

復活宣言の二カ月前にファンクラブから届いた会報には、本人の直筆でこう綴られている。

〈ねぇー…知ってる、今年の5月1日で40周年って事。自分でもびっくりだけれど…半分は、お仕事出来てないものねぇー…〉

〈みんなぁー…早くあいたいよぉー!!! 毎日…大変だけど、楽しみ夢みて…頑張ろうねぇー…こんなんでごめんねぇ!〉

〝主役〟不在のまま、デビュー記念日を迎え、公式なコメントすら発表されなかったが、彼女の不在は却ってファンの渇望感を刺激した。

伝説のコンサート

そのきっかけとなったのが、デビュー記念日の前日にあたる四月三十日にNHKのBSプレミアムで放送された〝伝説のコンサート〟である（章扉参照）。

「AKINA EAST LIVE」——

このライブ映像は、明菜がデビュー八周年を迎えた一九八九年四月二十九日と三十日によみうりランドEASTで行なった野外ライブの模様を撮影したものだ。八二年のデビュー曲「スローモーション」から最新作「LIAR」までのシングルA面曲など二十四曲を披露し、その圧倒的な歌唱力と表現力から〝伝説のコンサート〟と呼ばれている。

かねてからネット上で閲覧可能な状態で放置されていたが、NHKがBSで放映するや反響を呼び、地上波のNHKでも放送が決定した。当初は六月十九日に再放送の予定だったが、石川県能登地方を震源とする地震の影響で延期となり、さらに期待感が増すなかで迎えた七月九日の放送は、世帯視聴率が四・六％を記録し、土曜日の夕方としては異例の高視聴率となった。

彼女を知らない世代までをも魅了した伝説のコンサート。それは彼女が直面した崖っぷちとも言える状況が生みだした〝奇跡〟だった。

彼女を支えてきた所属事務所の「研音」を始めとする裏方のスタッフも、約七年にわたってバックバンドを務めた「ファンタスティックス」も、このライブは絶頂期を迎えた彼女が、次の段階へと向かう節目だと捉えていた。それは、この約二カ月半後に彼女の人生を暗転させることになる〝事件〟とは無関係に、彼女を取り巻く環境が過渡期を迎えていたからでもあった。

坂本九の一言

約一年前、「ファンタスティックス」のバンドマスターであり、八二年から中森明菜コンサートの音楽監督を務めてきた藤野浩一は、研音の明菜担当マネージャー、茅根浩康と小畑博に誘われ、居酒屋のカウンターでグラスを傾けていた。

話の要件は、その直前に藤野が、明菜のバックバンドを辞めたいと申し出たことだった。二人のマネージャーに挟まれる形でカウンターに座った藤野は、言葉を尽くして説明しながら杯を重ね、そのうちに涙を流してこう訴えていた。

「頼むから辞めさせて欲しい」

もともとトランペット奏者だった藤野は、ジャズのビッグバンドで演奏することを夢見て新潟から上京し、東京音大の器楽科の門を叩いた。大学の四年間で経験を積み、将来への道筋をつけるつもりだったが、独学で身につけた奏法はクラシック偏重の教えの前に矯正を求められ、気付いた時にはジャズが吹けなくなっていた。挫折を味わい、藤野はトランペットを諦めた。そしてキーボード奏者として作編曲の仕事を始め、〝恩人〟との出会いによって、活躍の場を広げていく。その恩人とは、中森明菜が歌手として、その第一歩を踏み出した場面に関わっていた昭和歌謡史を代表するスター、坂本九だった。

「明菜を大事にしてやれよ」

藤野は、不慮の飛行機事故で亡くなった坂本から、生前に掛けられたその言葉を嚙み締め、これまで明菜の音楽を全力で支えてきたが、年齢も三十代に入り、勤続疲労によるストレスとポップスオーケストラの本場、米国ニューヨークへの憧れが日増しに膨らんでいた。

それまで研音で六年間にわたり、明菜を支えてきたマネージャーの名幸《なこう》房則が去り、事務所側のマネジメント体制にも変化が現れた頃だった。研音の二人は、藤野の懇願を受け入れる形で、最後に妥協案を提示した。

「来年までやらないか」

そして約束の一年が刻々と迫るなかで迎えたのが、よみうりランドEASTでのライブだった。デビュー八年目のアニバーサリーではあったが、そのセットリストは意味深だった。明菜はアイドルとしてデビューし、常に新しい変化を求めて多彩な作家陣による楽曲に挑み、衣装やダンスで変幻自在にイメージを操ってきたが、当時、本人を含めた誰もが、その行く先を見失いかけていた。

辿り着いた頂《いただき》では、原点回帰することさえ許されず、身動きもとれない。次はどこへ向かえばいいのか――。誰も口には出さないが、全シングルを網羅し、ヒット曲が並ぶセットリストには、逆に追い詰められた末の苦悩が滲《にじ》んでいた。

ただ、明菜本人はいつになくリラックスし、表情も穏やかだった。普段の明菜は、ライブ前には極度の緊張から神経が張り詰め、辛そうな表情を見せることも多かったが、この時は違った。新しく曲を覚えるプレッシャーからも解放され、心の底からライブを楽しんでいる様子だった。客席や楽屋には、長姉の娘である幼い姪っ子を連れた家族の姿もあり、微笑みながら手を振る明菜には一点の憂いもなかった。

こうして奇跡のバランスが生んだ伝説のコンサートが実現したのである。

狂乱の一九八〇年代

中森明菜が、表舞台から姿を消して六年が経つ。明菜の長きにわたる不在は、その才能が開花した一九八〇年代への郷愁をいやが上にも誘う。

八〇年代は、熱に浮かされた時代だった。

学校で校内暴力の嵐が吹き荒れ、若者はブランドブームを先取りした小説「なんとなく、クリスタル」（田中康夫著、一九八〇年）に熱狂した。その一方、マネーゲームに狂奔した男たちが引き起こした戦後最大の詐欺事件「豊田商事事件」が幕を開ける。

そして八五年のプラザ合意を機に、為替相場は急激な円高、ドル安へと向かい、バブル経済が始まった。銀行は潤沢な資金を不動産投資への融資に注ぎ込み、地価は高騰していく。株価は上昇を続け、八九年には日経平均株価が三万八千九百十五円の史上最高値をつけた。その空前の好景気は、「ジャパン・アズ・ナンバーワン」という言葉に象徴され、ソニーは、米国ハリウッドの名門映画会社、コロンビア・ピクチャーズを買収する。「（日本は）米国の魂まで買うのか」と米国内から非難を浴びた。

一方、歌謡界は八〇年代に入り、目に見える形で時代の〝周波数〟が切り替わる変革期を迎えていた。八〇年四月に松田聖子がデビューし、半年後に山口百恵が引退。翌年三月にはピンク・レディーが後楽園球場で解散コンサートを行ない、勢力図が大きく変わろうとしていた。

日本が混沌と狂乱の時代へと向かっていた頃、不世出のアイドル、中森明菜は十六歳でデビューを飾った。そして一九九〇年代を目前にした「よみうりランドＥＡＳＴライブ」で一つの頂点を迎えた後、彼女は自らの手でその第一幕の幕を引いた。

そこから彼女が辿った苦難の道との明暗は、鮮やかなコントラストを描く。その足跡も含めたすべてが中森明菜という孤高のヒロイン像を形作っている。

なぜ人は中森明菜に惹かれるのか。

その答えを求める取材の過程で、彼女と深く関わった関係者の口は一様に重かった。言葉の端々には、彼女の強烈な個性とぶつかり合った日々と、才能に惚れ込み、支えたいという葛藤した思いが入り混じっていた。その緊張感が生んだ虚構だからこそ輝き、泥中の蓮が神聖で美しい花を咲かせるように、彼女の人生を投影した歌の数々は強い光を放ち続けるのだ。

第一章

スター誕生！

「スター誕生!」の本戦で史上最高得点の392点を獲得した（日本テレビ系、1981年8月2日放送）

「永遠の思い出」と題された一冊

二〇二〇年十一月九日、中森明菜を世に送り出した元所属事務所「研音」の社長だった花見《はなみ》赫《あきら》がこの世を去った。享年八十三。また一人、彼女の活躍を間近で支えた者が姿を消した。

花見は、読売新聞の名物記者だった父親の影響で、日本テレビに入社。音楽ディレクターとして「シャボン玉ホリデー」や「紅白歌のベストテン」、「スター誕生！」といった人気番組に関わり、八一年に研音の社長として迎えられた。

研音と言えば、今でこそ数多くの俳優を抱える大手事務所だが、もともとは競艇の予想紙を発行する研究出版の音楽部門として一九七三年にスタートしている。七九年に音楽事業部が独立する形で、研音が設立された。創業者で、現在は研音グループの代表を務める野崎俊夫は業界の実力者として知られるが、当時は給料日になると、国立にある事務所から社員全員分の給料が入った紙袋を抱えて、赤坂の雑居ビルにあった研音まで自ら届けに来るような小規模な所帯だったという。

その頃の研音は、歌手時代の浅野ゆう子のマネジメントがメインで、芸能事務所としては中堅クラスに甘んじていたが、花見が加入すると、堀江淳のデビューシングル「メモリーグラス」(一九八一年)が、七十万枚超の売り上げを達成。ピンク・レディーからソロに転じた増田惠子が、中島みゆき作詞・作曲の「すずめ」(一九八一年)でヒットを放ち、研音はたちまち上昇気流に乗った。そして、極めつけが、中森明菜のブレイクだった。

花見の八〇年代は明菜とともにあったと言っても過言ではない。

彼の晩年を、長男が明かす。

「父は死の約六年前に癌を患い、再発を繰り返し、最後は入院先の病院で肺炎で亡くなりました。徐々に終活を始めていたようで、持ち物を整理したり、人との付き合いもごく限定的になっていました。父は病床で、自分がお世話になった二十名ほどの名前をあげ、その方々への想いなどを書き遺しておりました」

筆頭として名前があったのは、研音の通称〝ボス〟こと、野崎俊夫だった。

「野崎会長には会社を通じて訃報の連絡をすると、ピンク・レディーのケイちゃん(増田惠子)と一緒に自宅に弔問に来て下さいました。父が残したリストには、バーニングプロダクションの周防《すほう》郁雄社長などの名前はありましたが、明菜さんに関係するような連絡先は書き遺されてはいませんでした」

しかし、長男が遺品を整理していると、明菜と写った数枚の写真のほかに、特別装丁の国語辞典を見つけたという。

〈Eternal Memory

AKINA NAKAMORI〉

濃紺の革張りの表紙に、そう刻印された辞書の奥付には、八三年発行と書かれてある。明菜がトップスターへの階段を一気に駆け上がっていた頃だ。長男が語る。

「父は明菜さんに翻弄され、矢面に立たされていたような印象がありますが、意外に本人は気にしている様子もなく、恨み言は聞いたこともありませんでした。八九年に彼女が所属を離れてからも陰ながら応援している様子でした。父は書き物が好きで、自費出版などもしていましたが、この辞書がどんな経緯で発注されたのかは分かりません。ただ、数枚の写真とともに大事にとってありました」

デビュー当時、明菜は一度だけ、花見の自宅を訪れている。アイドル雑誌で、彼女の自宅を公開する企画が組まれ、撮影用に用意されたのが花見の自宅マンションだった。休日は、最上階にある部屋から屋上にサマーベッドを出して過ごすという、取ってつけたような設定で、その撮影の様子を花見の家族も苦笑いで見守った。四十代で転身を遂げた花見は、明菜に振り回されながら、それをどこかで面白がり、彼女が放つ一瞬の輝きを〈永遠の記憶〉として心に留めたのだ。

〝当たり年〟

中森明菜がデビューした一九八二年は、事件や事故の〝当たり年〟だった。二月八日に史上最悪の〝人災〟と呼ばれた赤坂のホテルニュージャパン火災、翌日には羽田沖で、機長が〝逆噴射〟させた日航機350便が墜落するという、昭和史に残る衝撃的な出来事が相次いで発生する。九月には三越のワンマン社長がクーデターで解任され、十一月に入ると大阪府警を舞台に百人以上という空前の処分者を出した「ゲーム機賭博汚職」が発覚するなど、戦後を通じて続いてきた日本社会の秩序の箍《たが》が外れ、混沌とした空気が漂い始めた時期でもあった。

その暗い世相と対を成すように、八二年は、次々と新人の女性アイドル歌手がデビューし、歌謡界に新たな歴史を刻んだ〝当たり年〟でもあった。

三月に小泉今日子が「私の16才」でデビューを飾り、堀ちえみが「潮風の少女」で続くと、四月には石川秀美が「妖精時代」、そして早見優は「急いで！初恋」を発売する。前年の十月に「センチメンタル・ジャーニー」でいち早く世に出た松本伊代を加えて〝花の八二年組〟と呼ばれ、各レコード会社や所属プロダクションが、知恵を絞った戦略でヒットチャートを競い合った。他にも八二年組にはシブがき隊、三田寛子、新井薫子、原田知世、北原佐和子、つちやかおり、伊藤さやかなどがいて、アイドル市場で活況を呈する音楽業界には才能ある作詞家や作曲家、編曲家が次々と関わるようになっていた。

ライバルが続々と登場するなか、十六歳でデビューした明菜は、初めから〝ドラマがある〟アイドルだった。

雨と涙の豊島園

明菜のデビューからわずか四日後の五月五日。今は閉園となった「豊島園」の野外ステージで、デビュー発表のミニコンサートが開催された。
午前中は晴れていた空に、次第に雲がかかり、午後からは雨がパラつき始めていた。
三千人が収容できる会場には、続々と観客が押し寄せ、十三時半からの開演を待ってい
た。しかし、周囲のスタッフは気が気ではなかった。デビュー前のイベントでも、明菜が
突然姿を消して、探し回ったことがあったからだ。緊張のあまり逃げ出したのではない。
彼女はトイレに隠れ、そこから観客の入り具合をずっと見ながら、まるでタイミングを見
計らったかのように客席がざわつき始めた頃に姿を現した。待ち侘《わ》びたスタッフやファン
は安堵とともに、一瞬にして彼女に気持ちを摑まれる。あざとさというよりも、奔放で、
天真爛漫《てんしんらんまん》な彼女の振る舞いに、まだ慣れていなかったのだ。
開演十五分前。バックステージにいた明菜のもとに、ブルーのワンピースにピンクの胸
当てをあしらった、この日の衣装が届けられると、彼女の表情は一変した。
「こんなの着て唄うなら歌手になりたくない!」
彼女はそう叫んで、泣きじゃくった。開演時間は刻々と迫り、スタッフが必死で説得を
試みるが、彼女は頑として譲らない。そこにマネージャーに伴われた明菜の母、千恵子が

現れた。

「お客さんだって待ってくれているし、どうしようもないことは耐えなきゃいけないよ」

最初こそ諭すように話していた千恵子だったが、それでも泣き止まない明菜に、終《しま》いには堪忍袋の緒が切れ、こう怒鳴り上げた。

「じゃあ、今すぐ辞めろ。一生歌手になるんじゃない」

外まで響く怒声。司会の徳光和夫も、その剣幕に驚き、周囲は二人の母娘喧嘩を固唾を飲んで見守った。そして開演ギリギリ、ようやく明菜は泣き止み、化粧を整えてステージに向かった。

サイン会を兼ねた四十分ほどのイベントの予定だったが、開演してしばらくすると小雨だった雨脚が次第に強まってきた。遊園地の乗り物もすべてストップせざるを得ないほどの本降りに変わり、観客のなかには足早に会場を後にしようとする者もいた。告知ポスターには〈雨天中止〉と謳ってある。

明菜は、どしゃ降りのなか、ステージの前まで進み、ずぶ濡れになりながら、デビュー曲の「スローモーション」を歌った。その迫力に観客は帰る足を止め、釘付けとなった。

舞台上では、司会の徳光が興奮気味に、「この子凄い。ビッグになるよ」としきりに彼女を讃えていた。

ここから彼女の伝説は始まった。

三度目の挑戦

この日、〝教え子〟の晴れ姿を見るために会場に駆け付けていたヴォイス・トレーナーの大本恭敬《おおもとたかひろ》も、隣にいた研音の花見社長に、思わずこう呟いた。

「凄いね、大したもんだよ」

大本は、西城秀樹や岩崎宏美など、千人を優に超える歌い手を育てた、日本初のヴォイス・トレーナーとして知られている。今年で齢八十八を迎える彼は、明菜の類いまれなる素質をいち早く評価し、育ててきた一人だ。

雨の初ライブの約一年前——。有楽町のよみうりホールで「スター誕生!」の予選会が行なわれていた。

新人発掘のオーディション番組の草分けとして知られるスタ誕は、一九七一年に日本テレビの音楽班のプロデューサーだった池田文雄が、作詞家の阿久悠らと企画し、新人歌手の登竜門として始めたものだ。第一回目の決勝大会で、十三歳の森昌子がグランドチャンピオンに輝き、デビューを飾ると、〝第二の森昌子〟を目指して応募数も急増していく。その後は山口百恵や岩崎宏美、ピンク・レディー、石野真子など、次々と人気歌手を生み出した。応募者は累計で二百万人を超え、番組からデビューを果たしたのは八十八組九十二人。昭和の歌謡界にとっては記念碑的な音楽番組だった。

スタ誕は予選会を勝ち抜き、テレビ収録がある本選に合格した者だけが、レコード会社や芸能プロダクションのスカウトが集まる決戦大会に臨むことができた。

そこに審査員兼ピアノ伴奏として参加していたのが大本である。予選では五人が前に並んで、順番に一人ずつマイクの前に進み、大本やアコーディオン奏者の横森良造らの伴奏に合わせて唄う。ワンコーラスを唄い終わらないうちにブザーが鳴って、次の挑戦者と入れ替わる。そのわずかな時間にいかに自分をアピールするか。審査員は、その様子を細かくチェックしながら、その子に光るものがあるか否かを判断していく。大本は審査が進むなか、見覚えのある少女に目を留めた。それが明菜だった。

「彼女はそれまで本選で二度落選していました。審査員だった声楽家の松田トシさんが彼女を嫌って、厳しい点数をつけていたという話は聞いていました。ただ、僕は明菜をいいと思った。自分で自分をアピールする、ある種のナルシズムを持っている子だった。彼女の鼻にかかった声は上顎部にあたる艶っぽい声で、単に鼻に抜けた声とは違い、憂いがありました」

明菜は七九年の一度目の本選で、岩崎宏美の「夏に抱かれて」を唄い、審査員の松田から「中二ですよね？　年のわりには大人すぎて、若々しさに欠けますね」と酷評されていた。翌年、今度は松田聖子の「青い珊瑚礁」で挑んだが、審査員席の松田は、またしても辛辣だった。

「あなた、歌は上手いけど顔が子供っぽいから無理ね。童謡でも唄っていた方がいいんじゃない？」

これに明菜は壇上から猛然と噛みついた。

「童謡を唄えとおっしゃいますが、スタ誕では童謡を受け付けてくれないんじゃないですか？」

当時、中学三年生の明菜と藍綬褒章《らんじゅほうしょう》も受章したベテラン審査員との激しいやり取りに、会場は騒然となった。客席にいた母親が「明菜、止めなさい!」と一喝し、辛うじて事態は収束したが、それでも彼女は懲りなかった。

中学を卒業した明菜は八一年に私立大東学園高校に入学し、七月に予選会の通知を受け取って、三度目の挑戦に臨んだ。

当時の心境を明菜は、自著『本気だよ 菜の詩-17歳』(小学館刊、一九八三年)でこう述べている。

〈『スタ誕』に3回も挑戦した女の子は私が初めてなんだって。男の人では新沼謙治さんが5回挑戦したそうだけど……。

あの番組は全国放送でしょ。落ちるとみんなにバレちゃうから、ふつうは2回めくらいであきらめるんだって。私って度胸がいいのかなぁ。っていうより「いつか受かるよ、いつか歌手になれるよ」って信じて疑わなかったから、落ちても恥ずかしい、なんて気持ちはなかったんです。学校に行って友だちにいわれても、べつに平気だったし……〉

坂本九が驚いた最高得点

そして迎えた本選で、彼女は山口百恵の「夢先案内人」を唄い、スタ誕史上、最高得点を獲得して合格する(章扉参照)。なかでも審査員の一人だった作曲家の中村泰士《たいじ》は、電光掲示板に表示可能な範囲では最高得点となる99点をつけた。

司会の坂本九が、興奮気味に「99点というのは、この形式になってから初めてで。ちょっと、すいませんけど、中村さん、これ、99点っていうのは」と話を振ると、中村は「本当は100点を入れたんです。素晴らしいと思う。十五歳でリズムの揺れと気持ちの揺れを会得したということは凄く楽しみだと思う。頑張って下さい」と讃えた。

泣きじゃくる明菜は、坂本に肩を抱かれながら、「どうもありがとうございます」と消え入るような声で応じるのが精一杯だった。

そして、芸能プロやレコード会社のスカウトマンを集めたお披露目の下見会(各プロダクションの下見用に開かれた大会)を経て、十一月十八日(放送は十二月六日)の決戦大会では、再び「夢先案内人」を唄った明菜に十一社のスカウトからプラカードが上がり、彼女は歌手デビューへの切符を手にした。番組の最後に司会の坂本は「上を向いて歩こう」を唄い、「中森明菜ちゃん、本当におめでとう」と声を掛けた後、こうエールを贈った。

「君がデビューしてスターになって、この番組に帰ってくることを我々みんな待っているし、みんなで応援しているから頑張ってやって下さい」

ワーナー・パイオニアの事情

そして明菜が満面の笑みで、喜びの余韻に浸っていた頃、すでに水面下では彼女を巡る争奪戦が始まっていた。一歩先んじていたのが、新興のレコード会社、ワーナー・パイオニアの小田洋雄《おだひろお》である。当時、邦楽部門で、制作の取り纏《まと》め役を担っていた小田が語る。

「最初に明菜の歌を聴いた時には鳥肌が立ちました。アイドルの域を超えた個性があり、歌に説得力がありました。何としても彼女を獲得したいと思い、スタ誕を制作する日テレ側に熱意をアピールする方法を考えました。その頃のスタ誕は、七〇年代を席巻した全盛期の勢いに陰りが見え始めていました。そこで後楽園ホールでの本選だけでなく、敢えて地方の予選会にも何カ所も足を運びました。もしかしたら、明菜以上の才能に出会えるかもしれないという淡い期待もありました」

ワーナー側には必死にならざるを得ない事情があった。

ワーナー・パイオニアは、米国のワーナー・ブラザーズ社と日本の音響メーカー、パイオニア、そして芸能プロダクション大手の渡辺プロダクションが出資した合弁会社として七〇年に設立された。洋楽では圧倒的な強さを誇ったが、日本国内でのレコード制作では実績がなく、芸能界の実力者として知られた渡辺プロの渡邊晋《わたなべしん》社長が社長を兼務し、他社から人材を引き抜いた。

しかし、七八年に渡辺プロが合弁から離脱すると、環境は一変した。ワーナーの邦楽部門を支えていた小柳ルミ子、アグネス・チャンら主力歌手やディレクターの大半が挙《こぞ》って渡辺プロが新設したレコード会社に移籍。稼ぎ頭を失った当時のワーナーはジリ貧に陥り、窮地に喘いでいた。

さらに誤算もあった。八〇年代に入り、アイドルが群雄割拠するなか、ワーナーもオスカープロモーションと組んで、北原佐和子を擁する三人組アイドル「パンジー」で八二年のアイドル市場に参入を予定していた。だが、八一年の秋口になって、先方との契約が折り合わず、土壇場でご破算になったのだ。これでワーナーには、売り出すべき新人がいなくなった。もはや選択肢は明菜しかなかった。

ただ、小田には妙案もあった。

「どこと組めば、ワーナーが明菜を獲れるのかと考えた時に、研音の名前が浮かびました。私は研音の野崎会長とは親しかったですし、日テレにいた花見さんとも親しかった。花見さんが研音の社長になったばかりだったので、うちと研音が組めば、日テレは〝ご祝儀〟として明菜の獲得を調整してくれるのではないか。スタ誕の決戦大会では、他社も手を挙げることは間違いない。事前に野崎会長に打診し、話を固めればうちが獲れると思ったのです」

本来は、出場者本人が決戦大会で札を上げた中から所属先を選ぶルールだが、明菜獲得に向けた水面下の交渉はすでに始まっていた。小田の目論見通り、スタ誕のプロデューサーだった池田文雄の後押しもあり、明菜は研音とワーナーが引き受けることになった。

「花の八二年組」

翌年五月のデビューに向け、残された時間は限られていた。小田は部下だった制作ディレクターの島田雄三《しまだゆうぞう》に明菜を担当するよう指示した。島田は大学時代にフォークデュオとしてデビューした経験があり、大学四年の時に設立されたばかりのワーナーでアルバイトを始め、そのまま一期生として入社している。島田が振り返る。

「私自身はアーティストとして活動を続けるには才能がないと自覚していましたし、自分のレベルではとても食ってはいけないと思っていたので、当初から就職を考えていました。進路はラジオ大阪や作詞家として知られた川内康範《かわうちこうはん》さんの事務所、コロンビアレコードなども候補としてはあったのですが、ワーナーに行くと、譜面の読み書きができるということで、押し掛けのような形でアルバイトとして働くことになりました。新人アーティストのオーディションでギターやピアノで伴奏したり、デモテープを譜面に起こす作業を任され、先輩たちには重宝されました。そして七一年に、なし崩し的に入社することになった。同期は五人だったと思います」

その後は先輩ディレクターのもとで経験を積み、七五年には小林亜星の門下生だった徳久広司の「北へ帰ろう」を担当。初めてのヒットを記録した。しかし、その後は鳴かず飛ばずで、「次に担当するアーティストでヒットが出せなければ終わりかもしれない」と悲壮な覚悟があったという。

一方、迎え撃つライバル社の布陣は強力だった。「花の八二年組」には、大手芸能プロと実績のあるレコード会社がタッグを組んだ一線級がズラリと顔を揃えていた。バーニングとビクターが組んだ小泉今日子、ホリプロとキャニオンの堀ちえみ、芸映とＲＣＡの石川秀美……。島田は開き直るしかなかった。

「当時の研音とワーナーは二流、三流の弱小勢力に過ぎず、とても正攻法では太刀打ちできないと感じていました。明菜のことはスタ誕の下見会で初めて見て、歌もしっかりしているし、可愛いなと思っていました。ただ、実際に会ってみると、人見知りで、無口な印象しかなかった。最初は日テレで会ったと記憶していますが、付き添いの母親がほとんど喋って、明菜はただ頷いているだけでした」

母と美空ひばりと

明菜の歌手としての原点は、母、千恵子である。島田は、明菜と母親との関係が、二人三脚で歌の道に進んだ美空ひばりと実母との関係にダブって見えたという。

東京都清瀬市の郊外——。田園風景が残る住宅街に建つ、古い二階建ての一軒家。明菜はこの家で、六人兄弟姉妹の五番目、三女として育った。彼女の歌い手としての人生の始まりに、多大な影響を与えた最愛の母、千恵子は一九九五年六月に享年五十八でこの世を去り、それから二十七年、彼女は家族と断絶状態にある。

愛憎半ばする家族と明菜との関係はどのようなものだったのか。次章では、そのルーツを紐解いてみたい。

第二章

家族の肖像

デビュー1周年を記念して、自叙伝を出版（1983年5月）

一人住まいの父

二〇二一年四月の平日の昼下がり。清瀬駅前から続くけやき通りから少し奥まった場所に、かつて〝文化村住宅〟と名付けられた一角がある。そのなかに建つ築四十五年の一軒家を訪ねた。玄関のインターホンは壊れており、何度か声を掛けてみたが、反応はない。二時間ほど門の外で待っていると、黒い麦わら帽子を被り、臙脂《えんじ》色のトレーナーを着た明菜の父、明男が庭先に姿を見せた。名刺を渡して挨拶すると、彼はこう話し始めた。

「耳が遠くなっちゃって。今年で八十八歳になるから、補聴器がないと聞こえないんです。明菜とは疎遠になっていますし、今はもう（マスコミも）誰もお見えにならないですよ」

そう言うと家に補聴器を取りに戻り、縁側に椅子を出して、座るよう勧めてくれた。

「今は一人住まいなんです。一番下の娘が死んじゃったから。ただ、他の子供たちは近くにいるし、孫もたくさんいるから寂しくはない。寂しくはないけど一人はつまらないから、今の楽しみはお酒だけですよ」

明菜には長姉を筆頭に長兄、次兄、次姉の順に上に四人、下には一時女優として活動していた妹、明穂がいる。六人はいずれも年子で、名前には父親である明男から一文字を取り、「明」の字がつけられている。明穂は一九年五月二十七日に闘病の末に五十二歳の若さでこの世を去った。だが、その葬儀に明菜が姿を見せることはなく、そこには家族との長い確執が影を落としていた。

羅紗屋から肉問屋

明菜は一九六五年七月十三日、東京・大田区の池上本門寺近くで精肉店を営む家に生まれた。父、明男は埼玉県出身。高校卒業後に実家を出て、東京に職を求め、神田にある羅《ら》紗《しゃ》屋で働き始めた。洋服の生地などを仕立て屋に卸す仕事で、商売のいろはを身につけ、店からも信頼を寄せられていたという。だが、独立志向があった明男は、元手が掛かる生地屋を諦め、「手っ取り早く稼ぎが得られる」という理由で八丁堀の肉問屋の仕事に転じた。当初は自転車に大きな竹かごをつけ、日本橋、新橋、銀座の得意先を回って肉を売っていたが、そのうちにバイクや軽四輪を買って、青山や早稲田にも足を延ばした。

明男が当時を振り返る。

「仲間内では、問屋から肉を仕入れて自分で加工して売る連中のことを〝鞘取り〟と呼んでいましたが、私も肉屋から仕入れた牛や豚を吊るしてナイフ一本で捌《さば》いていました。独立してからは、問屋と契約して中華料理店や洋食店に肉を納めるようになりました」

美空ひばりと同い年の母

その頃に知り合ったのが、当時新宿のキャバレーで働いていた明菜の母、千恵子だった。千恵子は旧満州国の首都・新京（現在の中国吉林省長春）生まれ。終戦後に家族で両親の郷里である鹿児島県枕崎市に引き揚げてきた。八人兄弟の長女で、同じ一九三七年生まれの昭和の大スター、美空ひばりに憧れて、幼い頃から歌手を目指した。しかし、家が貧しかったため、十五歳から働きに出て、映画館のモギリや鹿児島の繁華街、天文館でキャバレー勤めなどを経験した後、二十歳を前に東京にいた叔父を頼って上京したという。その後はアパートで独り暮らしを始め、ホステスをしながら、ステージで歌も唄った。

明男は友人に連れられ、千恵子が勤める新宿のキャバレーに足を踏み入れた。

「大箱の店でしたね。私はキャバレーで遊ぶような身分じゃなかったですけど、向こうから惚れられちゃったんです。気が強くて、歌の上手い人でした」

「リンゴ追分」を始め、千恵子の唄う美空ひばりは客には好評だったものの、プロへの道はそう容易くはなかった。歌手を目指して本格的なレッスンを受けるにも費用が掛かり、それを捻出する余裕もない。

天才少女歌手と呼ばれた美空ひばりは、九歳で初舞台を踏み、十二歳で歌手デビューすると、主演映画と主題歌が次々とヒット。レコード売り上げや興行入場人員などで数々の記録を塗り替え、日本の戦後復興を象徴する歌姫だった。ひばりの存在が眩しければ眩しいほどその背中は遠かった。

飛躍のチャンスにも恵まれなかった千恵子は、歌手を諦め、二十一歳で三歳年上の明男と結婚する。一九五八年のことだ。二人は長女が生まれた当時には神楽坂のアパートで暮らしていたが、その後は埼玉県内に居を構えた後、池上本門寺に程近い大田区堤方町（現在の池上）に移り住み、一九六三年に精肉店を開いた。店名は千恵子の旧姓から「森精肉店」と名付けられた。

精肉店は住居も兼ねており、千恵子も店を手伝った。千恵子が揚げるコロッケやメンチカツは地元でも評判だったという。しかし、明菜が生まれて七人で暮らし始める頃には手狭となり、清瀬市に平屋の建売住宅を購入して転居した。明菜の誕生からわずか一年足らずだったが、千恵子の「子供を育てるには太陽と緑が必要」という意見を尊重してのことだった。明男だけは平日、大田区の精肉店で寝泊まりして働き、週末に家族が暮らす清瀬市の自宅に帰るという二重生活を始めた。

「ひばりさんは九歳でデビューしたから」

明菜は歌好きだった母親の影響で、言葉も話せない一歳二カ月の頃から、子守歌代わりに自分でメロディーらしきものを口ずさんで寝てしまうような子だったという。

「ひばりさんは九歳でデビューしたから、明菜は八歳でデビューしなさい」

それが母親の口癖だった。ひばりの伝説を繰り返し聞かされているうちに、明菜もすっかりその気になり、小学校に入る頃には「私は歌手になる」と公言するようになった。それはステージママとして知られたひばりの母親と自らをダブらせた、千恵子の夢でもあったのだ。

中森家は六人の子供を抱え、暮らし向きは決して楽ではなかった。千恵子も明菜が三歳になった頃から外に働きに出るようになり、飲食店の店員や販売の仕事などをこなした。そして志半ばで断念した歌手の夢を娘たちに託すべく、家にピアノを買い、モダンバレエを習わせた。その分、明男の金銭的な負担は増える。週末に疲れて自宅に帰って来る明男と千恵子の間では、些細なことで夫婦喧嘩が絶えなかったという。

父が戻る週末は険悪な空気

明菜はのちにインタビューで、〈ウィークデーはお母ちゃんを中心に平和に暮らしているのに、週末になると、お父ちゃんがあらわれて家の中が急に険悪な空気に包まれる、それがたまらなかった〉（『平凡』一九八四年四月号）と当時を振り返っている。

そこには家族に愚痴の一つも零《こぼ》せない不器用な昭和の父親像が垣間見える。

「店の営業だけでなく、毎朝、毎晩、十数軒という得意先を回るんです。朝は注文を受けたところに肉を届けに行って伝票にサインを貰って、夜もまた次の日の注文が欲しいから顔を出す。中華料理店の場合は、肉のほかにガラを届けるのですが、豚を一頭潰しても、ガラはそんなに出るもんじゃない。だから問屋に行って仲間内から分けて貰うんです。そうやって店に出入りしているうちに『ちょっと手伝って』と言われれば料理の手伝いまでする。そこで料理のことも見よう見真似で覚えていきました。今から思えばよくやっていたなと思います。こんなボロ家なのに、大きなピアノまで買ったからね」

明男は自嘲気味にそう語って自宅の建物を指差した。

だが、平屋だった家屋は一九七七年に増改築され、二階建てに建て替えられている。自宅を改装していた約半年の間は近所の六畳二間のアパートに仮住まいを余儀なくされたが、晴れて完成したマイホームには子供それぞれに部屋が用意された。明菜には四畳半の部屋が与えられた。しかも、千恵子は明男に相談もなく、各部屋にテレビやステレオまで買い揃えた。子供の独立心を養うという名目だったが、それを知った明男は「どこの世界に子供に一台ずつテレビを買ってやる親がいるんだ」と怒鳴り上げたという。一九七〇年代といえば、まだまだテレビは一家に一台と言われた時代であり、子供にとっては贅沢品である。育ち盛りを六人も抱えた大家族にとっては大盤振る舞いには違いなかった。

「歌手になって母親を喜ばせる」

千恵子は自分が正しいと思えば一歩も引かなかった。その生一本な性格は、子供にとっては頼もしくもあり、またお手本でもあった。相手が誰であっても物怖じせず自己主張するという姿勢は、のちの明菜にも引き継がれていく。

そして同時に、兄弟のなかでも病気がちだった明菜にとって、母親の存在は拠《よ》りどころそのものでもあった。病気で寝込むたびに、家族に迷惑をかけ、母親を独り占めしている負い目を感じていたことで、逆に「歌手になって母親を喜ばせるのは自分だ」という使命感にも似た感情が芽生えていたのだ。

小学校高学年になった明菜は、七六年に「ペッパー警部」で衝撃のデビューを飾ったピンク・レディーに同世代の子と同じように夢中になった。そして地元の清瀬中学校に進学。歌手志望は相変わらずだったが、この頃に明菜にとっては人生を左右するようなショックな出来事があった。その時のことを自著『本気だよ 菜の詩－17歳』ではこう記している。

〈中学にはいったばかりのころ、私にとっては大問題が起こりました。

お母ちゃんが明恵姉ちゃんに、

「おまえは歌唱力があるし、美人だし、歌手になれるよ。『スター誕生』にでも応募したらどうだい？」

って、それはもうしょっちゅうすすめ始めたんです。でも私にはひとことだって『スタ誕』のことはいわないんですよ。

これは頭にきたね！

だって私がうんと小さいころから「歌手になるんだ」っていっているのを知ってるくせに無視するなんて……私だって『スタ誕』に出られるよ！　出てみせるよ！

私はあわててテレビの画面の下に出ている応募要項を書き写し、家族のだれにも、もちろんお母ちゃんにも明恵姉ちゃんにもないしょで申し込みハガキを出しました〉

明恵姉ちゃんとは、中森家の長女で、兄弟のなかで一番歌が上手く、明菜にとっては自慢の姉だった。モダンダンスを習い始めたのも、先に通っていた二人の姉の影響で、とくに姐御肌で正義感の強い明恵は、明菜の憧れでもあった。ただ、母親の期待に反して明恵は歌手になる気はなく、彼女がスタ誕に応募することはなかった。

自分に合った服を上手に着こなす

それから一年近くの時が過ぎ、明菜本人も応募したことすら忘れかけていた頃、番組から予選会の日程を知らせる通知が届いた。明菜の歌手への道が一気に現実味を帯びてくるのは、それ以降のことだ。

明菜の中学時代の担任だった有隅（旧姓池田）佳子が当時を振り返る。

「私が音大卒の新任教師として赴任し、初めて担任を受け持ったのが中学一年の中森さんのクラスで、その後、三年生の時にも再び担任になりました。年も十歳違いで、友達のように思ってくれていたのだと思いますが、どこに居ても気軽に声を掛けてくれる無邪気な女の子というイメージが強いです。

とにかく凄く歌が好きで、上手でしたね。修学旅行のバスのなかでも、マイクが回ってくると、彼女は友達のリクエストに応えて当時のヒット曲を何曲も唄っていました。いろんな曲を知っていると感心したことを覚えています。あとはファッションですね。学校は制服でしたが、私服で会った時には、凄く自分に合った服を上手に着こなしていました」

有隅は明菜の中学卒業と時を同じくして結婚し、教師を辞めて九州に転居した。教員生活はわずか三年だったが、明菜は印象に残る生徒の一人だったという。

「その後、デビューした彼女が九州にコンサートで訪れた時には、チケットを購入して、子供を連れて歌を聴きに行きました。受付で『担任をしていた者ですが』と話すと、係の方が楽屋に通して下さって、彼女は子供を抱っこして笑顔で迎えてくれました」

明菜は学校の成績は振るわなかったが、四歳から始めたモダンバレエのスタジオには十四歳まで休むことなく通い続け、ダンスや衣装で自己表現する術を身につけた。その後は世田谷区にある大東学園高校に進学し、片道二時間近くかけて通ったが、わずか半年足らずで辞めてしまう。

「自分の夢が叶った」と喜んだ母

スタ誕の三度目の予選会を終え、本選や決戦大会が近づいていた頃だったが、中退の理由は番組出演が問題視され、謹慎処分を受けたことだった。のちに明菜の歌手デビューが決まると、所属事務所の研音は明大中野高校への転入手続きをとってくれたが、結局は仕事との両立が難しくなり、学業を諦め、歌の道を選んだ。その背中を押したのは母、千恵子だった。

明菜の父、明男が述懐する。

「家内は、明菜のデビューが決まり、自分の夢が叶ったと随分喜んでいました。研音の創業者の野崎さんは、若いスタッフからは『ボス』と呼ばれていましたが、そのボスや社長の花見さんも自宅によく来てくれました。料理上手だった家内は、そのたびに『あれも作らなきゃ、これも作らなきゃ』と故郷の鹿児島の料理やいろんなものを作ってもてなしていました。話があるから来ているはずなのに、肝心の家内は台所に行ったきりで、私に話しかけられても事情が分からなくて困りました。家内は歌が好きだったから、時にはテープレコーダーに自分で歌を吹き込んで、聴かせることもありました」

デビューに向けた準備は、研音だけではなく、所属レコード会社のワーナーにとっても急務だった。

当時ワーナーの邦楽宣伝課にいた富岡信夫は、スタ誕の決戦大会後の翌月に明菜の担当を命じられた。富岡は大学卒業後、渡辺プロ傘下の渡辺企画に入社し、女優の桃井かおりのマネージャーなどを担当。その後、ワーナーに中途入社して宣伝課に配属されていた。富岡が語る。

「当時、宣伝を統括していたのは、ウドー音楽事務所から移った寺林《てらばやし》晁《あきら》さん。宣伝課長として予算も握っていた実力者でした。明菜の担当には別の先輩が決まっていたのですが、寺林さんのご指名で二カ月足らずで私に担当が回ってきたのです」

明菜を発掘した制作チームの小田が〝生みの親〟なら、宣伝チームの寺林は、その後の明菜の〝育ての親〟と言っていい存在になる。

富岡がワーナーの本社で初めて顔を合わせた時には、明菜の傍らに母親もいた。その時に富岡が受けた明菜の第一印象は、「礼儀正しく挨拶をする可愛らしい子」。気になったのは、彼女の歯並びだったという。

「一般の人なら気にするほどではないのですが、右側の前歯がやや小さかったので、照明が当たると奥に引っ込んで黒く見えてしまう。アイドルなら注意しておいた方がいいと思い、『虫歯に見えるかもしれない』とやんわりと指摘したら、彼女は慌てて口元を手で押さえて小さく頷いていました。驚いたのは、それをすぐに直してきたことでした」

歌は家族と自分とを繋ぐもの

新聞・雑誌担当だった富岡は、明菜にプロモーション用の基礎資料として、「〇歳からのプロフィールを箇条書きでいいから書いて欲しい」と注文を出した。そこには彼女が子供の頃、身体が弱く、病気がちだったことが綴られていた。富岡が続ける。

「それでも彼女は何度もスタ誕に挑戦し、歌に固執した。そこには兄弟のなかで、いつも自分だけが異質だというコンプレックスとともに、守ってくれた母親に恩返ししたいという思いがあったのでしょう。歌で家族にも存在感を示したい気持ちは理解できました」

明菜にとって歌は、家族と自分とを繋《つな》ぐ生命線でもあった。

当初、研音では広告代理店などの提案を参考に、明菜の芸名を本名の「中森明菜」ではなく「森アスナ」とする案が浮上していた。だが、それを聞いた本人は、「私、中森明菜でやっていきたいんです」と強硬に拒否し、お仕着せの芸名を撤回させた。母親譲りの押しの強さの片鱗は、ここにも現れていた。

富岡によれば、当時のワーナーは、寺林の陣頭指揮のもとで明菜に一億円にも及ぶ異例の宣伝費をかけ、デビュー前から積極的な売り出しを図ったという。

「ただ、芸能誌に紹介記事を出して貰おうと出版社に売り込みをかけても、他のライバルがカラーで二ページだとすれば、うちはせいぜいモノクロで一ページ。明らかに出遅れ感がありました。そこで、まだデビュー曲も決まっていない段階でしたが、彼女に地方のテレビ局やラジオ局を回らせました。演歌の〝ドサ回り〟方式で、先に名前と顔だけを覚えて貰おうと思ったんです。明菜を連れてＮＨＫのオーディションを受けに行った時、彼女がトイレ掃除をしていたオバサンにまで頭を下げ、挨拶しているのを見て、その必死さに感銘を受けました」

山口百恵の曲を唄わせない

一方で明菜は、八二年二月に予定されていたレコーディングに向け、ヴォイス・トレーナーの大本のもとで歌のレッスンを重ねていた。

恵比寿の高台にある大本の自宅マンションの一室。四畳半にピアノが置かれただけの部屋に、これまで数多くの歌手が訪れ、レッスンを受けてきた。大本のレッスンが厳しいことは業界内でも知れ渡っており、一部の歌手の間では「家に入ってスリッパが斜めになっていたら、その日は先生の機嫌が悪い」という合図が申し送り事項になるほどだった。レッスンが終わると、大本の妻が「お茶でもどうぞ」と奥の食堂に飲み物を用意してくれる。かつて大本の家に通った西城秀樹でさえ「怒られた後、奥さんにそう言って貰ったらホッとする」と本音を漏らしていたという。

明菜もここで毎日のように一回三十分から一時間弱のレッスンを受けた。

大本が当時の記憶を手繰り寄せながらこう語る。

「当初はレコード会社の意向で、山口百恵の楽曲を中心にカリキュラムが組まれていました。ただ、それではどうしても声の出し方や唄い方が百恵に似てきてしまう。その癖を徹底して排除するために、百恵の歌はできるだけレッスンしないようにしました。明菜には『自分の強さを出せ。歌をもっと押し出せ』と繰り返し言いました。厳しく怒ると、泣きながら耐えていました。レッスンを重ねていくうち、彼女は一つ音をポーンと出してあげると、下から掬《すく》い上げてビブラートをかけ、ワーッと花が咲いていくような表現ができるようになった。それが彼女のオリジナリティになったのです」

〈出逢いはスローモーション〉

問題は、その歌唱力を生かすデビュー曲だった。しかも、ライバルとは違う独自路線が必要だった。当初から〝ポスト百恵〟を意識していたワーナーは、結果的に百恵のアルバムにも楽曲を提供していた来生えつこ、来生たかおの姉弟コンビに白羽の矢を立てる。八一年十二月公開の映画「セーラー服と機関銃」で、二人が手掛けた主題歌を主演の薬師丸ひろ子が唄い、ヒットさせている最中だった。ディレクターの島田は、来生たかおが音楽番組に出演し、その曲のオリジナルバージョンをピアノの弾き語りで唄っているのを見て確信したという。

来生が明菜のために書き上げたのは「スローモーション」「あなたのポートレート」「咲きほこる花に…」の三曲。いずれも彼の持ち味である叙情的なメロディーラインの名曲だった。島田は他の制作者にも楽曲を依頼し、アルバム用の十曲を揃えた。その中からデビュー曲に選ばれたのが、来生の「スローモーション」だった。

宣伝担当だった富岡が振り返る。

「四月から〝明菜新聞〟というイラスト入りのチラシを作ってレコード店やマスコミに配り、本格的なキャンペーンに入りました。結果的に『スローモーション』はオリコンチャートの最高位は三十位で、約十七万枚の売り上げでした。それなりの手応えもあり、宣伝担当としては、デビュー曲と同じ路線で、来生さんが書いた『あなたのポートレート』が第二弾のシングルに相応しいと思っていました」

当時のアイドルは、シングルの新曲が三カ月サイクル、アルバムは年二枚のリリースが定石パターンだった。作り手は常に新しい楽曲を求めていた。

駆け出しだった売野雅勇

「中森明菜という新人アイドルがデビューして、いまアルバム制作の準備中です。曲を集めていますから、書いてみたらどうですか？」

その頃、まだ駆け出しだった売野《うりの》雅勇《まさお》は、あるミュージシャンのマネージャーから、こ

「スローモーション」、作詞:来生えつこ／作曲:来生たかお

んな仕事の依頼を貰った。コピーライターから作詞家に転じた売野が、チェッカーズの一連のヒット曲で一躍売れっ子の仲間入りを果たす〝前夜〟の話だ。

当時の彼は、まだアイドルに楽曲を提供したことがなく、どちらかと言えば大人がやる仕事ではないと軽蔑に近い感情を抱いていたという。

「そうは言っても書き方も分からないし、締め切りも迫ってくる。ストックと言えるものは、沢田研二に書いてボツになった一曲だけ。男性がプールサイドで十代の女の子を口説こうとしている設定の『ロリータ』という曲でした。僕はこの視点を逆にして、主人公を入れ替え、女性の目線にしたら書けるかもしれないと閃《ひらめ》いたのです」

売野の作詞スタイルの基本は、まずタイトルを決め、全体像を摑むことから始まる。今回は、アイドルが唄ってもカッコ悪くないもので、聴く者を驚かせ、反社会性があるようなもの……。

頭に浮かんだのは、未成年の犯罪者を表す「少女A」というタイトルだった。

「あとは詞の世界に見合った言葉をどう選んでいくか。歌本を見て研究しましたが、参考にはなりませんでした。ただ、唯一、阿木燿子さんが山口百恵に書いた詞は、骨格がしっかりしていて、言葉選びのセンスに凄く才能を感じました。自分の詞の世界を描くための、ひと揃えの言葉を、辞書として自分の中に持っている。そして、啖呵《たんか》を切るような捨て台詞が必ず一つは入り、それが歌謡曲としてのキャッチーなサビになっていました。僕はその方法論を参考に詞を書き上げました」

売野の詞には、優しい印象の曲がつけられ、「少女A」は一旦完成を見た。だが、ワーナー側は不採用とし、この曲が日の目を見ることはなかった。ところが一週間後、「曲は落ちましたが、詞は残っている」との連絡があり、再びプロジェクトが動き始めていく。

〈じれったい、じれったい〉

その後、売野と同じ事務所にいた三歳年上の作曲家、芹澤廣明のストック曲が候補としてリストアップされることになった。二人はのちにヒットを連発する名コンビとなるが、この時点では面識すらなかった。

「まず、ワーナーの担当ディレクターだった島田さんに私とマネージャーが呼び出されました。アーティストルームという豪華なステレオセットがある部屋で、候補となっている

「少女A」、作詞:売野雅勇/作曲:芹澤廣明

三曲を聴かされました。いずれもマイナーなエイトビートでしたが、そのなかで一つだけ歌詞がつけられている『シャガールの絵』という曲がいい、ということで意見が一致しました」

売野は島田から、最初に書いた少女Aの詞を、この曲に移し替えるよう依頼された。本来なら困難を伴う作業だが、二つの詞は構造が似ており、奇跡的に上手く移行できたという。

「『シャガールの絵』は、作詞の専門家ではない漫画家が書いた詞で、曲の出だしのAメロが、普通は八小節のところ、三十二小節もあって長い訳です。それは私の『少女A』も同じで、要するに二つとも音楽をよく知らない人が書いた詞だったのです。逆にそのお陰で微調整だけでほとんどそのまま移し替えることができました。ただ、僕の中で最も引っ掛かっていたのがサビの部分です。当初は〈ねぇあなた、ねぇあなた〉と続きましたが、より強い〈じれったい、じれったい〉に変えたら見事にハマったのです」

新たな詞が完成すると、島田は「今度は芹澤さんも連れて来て下さい」と売野を呼んだ。

その日、芹澤はリーゼントに赤いアロハシャツ姿でワーナーに現れた。

「芹澤さん、唄って下さい」

島田はミュージシャンでもある芹澤に、ギターを渡した。芹澤が譜面を見ながらしばらく練習し、ワンコーラス唄うと、周囲の反応は上々だった。

初対面だった売野は、トイレで横に並んだ芹澤に「アルバムの一曲に決まって良かったですね」と話しかけた。芹澤は一拍置いて、「甘いよ。こういうのはレコーディングするまでは、いつ消えるか分からないんだよ」と諭した。

「嫌だ！　絶対に唄いたくない」

明菜のデビューから少し時間が経過した五月半ば、当時研音で明菜のマネージャーを務めていた角津《つのづ》徳五郎《とくごろう》は、いつもより早く目覚め、一時間ほど早く家を出た。明菜の次のシングルのこともあり、島田に会っておこうとワーナーに立ち寄ったのだ。島田はまだ出社しておらず、デスクの上には極太のマジックで「少女A」と書かれた紙が置いてあった。その下には特徴的な文字で歌詞が綴られ、「売野雅勇」と書かれていた。

「明菜の曲だとピンッと来ました。島田の出社を待って尋ねると、作曲家の芹澤さんが歌入れをしたデモテープがあるという。聴かせて貰うと、これが凄く良かった。それで、『イケるよ、これ。すぐにレコーディングしよう』と提案したのです」

島田にとっても「少女A」はヒットを確信する自信作だった。そして「少女A」はセカンドシングルに採用されることが決まる。だが、レコーディングの矢先、〝事件〟が起こった。

「嫌だ！　絶対に唄いたくない！」

明菜本人が、激しく泣き叫んでこの歌を拒んだのだ。

その叫び声は、彼女が表現者として生まれ変わる産声のようでもあった。

第三章

二人の歌姫

セカンドシングル「少女A」を発売。作詞:売野雅勇／作曲:芹澤廣明
（1982年7月。Warner Music Japan）

「少女A」は私

中森明菜のセカンドシングル「少女A」は、一九八二年七月に発売されると評判を呼び、彼女にとって初めてのヒット曲となった。

しかし、担当ディレクターだったワーナーの島田雄三は、発売から一カ月近く、明菜とはまともに口をきいていなかった。彼女が不満を募らせていたことは明らかだった。

島田にとっては薄氷を踏むような思いで過ごした日々だった。

「明菜に初めて『少女A』のデモテープを聴かせたら、みるみる彼女の表情が曇り、『嫌だ！　絶対に唄いたくない！』と泣きじゃくりました。『少女A』の主人公である不良少女は、自分のことを調べ上げて歌にしたものと思い込んでしまったんです。

のちに、中学時代の彼女が、仲間と一緒に暴走族の日の丸の旗を持っている写真が雑誌に持ち込まれたと聞きましたが、当時の私がそんな話を知るはずもない。『少女Aは明菜じゃない』と必死に説得を試みましたが、明菜は頑として譲らなかった」

痺れを切らせた島田が「バカ野郎、やるって言ったらやるんだよ」と怒鳴ると、彼女は

「嫌だ」と喚《わめ》き散らした。最後は島田の、「もし、これを出して売れないっていうなら、俺が責任取る」との懸命の訴えで、何とか、翌週のレコーディングの約束だけは取り付けたが、成功するか否かは、一か八かの賭けだった。

　レコーディング当日、島田はスタッフに「テストからテープを回してくれ」と指示を出した。

「本来なら、二十回、三十回は唄うのですが、今回は三回が限度だろうと踏んでいました。それを上手く編集するしかない。当日、私は強気の姿勢を崩さず、明菜にも『やる気ないんだったら帰るか』という話までしました。テストで唄わせた後、『ちっとも伝わってこないんだよな』と挑発すると、彼女は怒り心頭の様子で、それが逆に歌の迫力に繋がった。そこから少し粘って三テイクほどで『はい、終わり。ご苦労さん』とレコーディングを切り上げました」

　明菜は不服そうな顔でスタジオを後にした。完成したレコードには、撮影でグアムに行った際、プールサイドで疲れ果て、不貞腐《ふてくさ》れている明菜の写真が採用された（章扉参照）。もちろん本人が望んだ写真ではなかった。

「少女A」は、〝難産〟の末に世に送り出されたが、挑発的な唄い方も、睨みつけるようなレコードジャケットも、結果的に明菜は、大人たちの狙い通りに、〝掌の上で踊らされた〟に過ぎなかった。

しかし、この曲がチャートを駆け上がっていくと、明菜は、その掌から軽々と飛び出した。発売から約二カ月が過ぎた九月十六日、当時絶大な人気を誇っていたTBSの「ザ・ベストテン」で九位にランクインを果たした。明菜が初出演すると、一夜にして彼女はトップアイドルの仲間入りを果たしていく。

四日後、今度はフジテレビの看板番組「夜のヒットスタジオ」の生放送にも初出演する。この二つの音楽番組が、明菜をアイドルの域を超えた歌い手に飛躍させていくことになる。

癒着を見直した「ザ・ベストテン」

テレビ史に残る音楽番組として知られる「ザ・ベストテン」は、七八年にスタート。最高視聴率は四一・九％で、歌番組が隆盛を極めた八〇年代を象徴する怪物番組だった。ベストテンで五年間ディレクターを務めた元TBS社員の遠藤環《えんどうたまき》が語る。

「番組の生みの親である、プロデューサー兼ディレクターだった山田修爾さんは番組を始めるにあたり、ランキングを誤魔化さないという鉄則を掲げ、決して曲げませんでした。そして、それまでの芸能プロとテレビ局との癒着関係を見直す姿勢を貫いたのです」

記念すべき第一回目の放送は、語り草になっていた。当然ランクインすると思っていた人気絶頂の山口百恵が十一位に沈み、ＴＢＳの上層部は大慌てだった。

「ベストテンの売りの一つが生中継で、『追いかけます。お出かけならばどこまでも』というキャッチフレーズは山田さんが考案したものです。初回の放送時、山口百恵は大阪にいることも分かっていて、生中継が可能だった。上層部は当然のようにランキングを十位の野口五郎と入れ替えるよう求めました。ところが、山田さんは頑なに拒絶した。幹部のなかには書類を叩きつけて部屋を出て行った人もいたと聞きました」

ベストテン以前の歌番組のキャスティングは、テレビ局と芸能プロとの馴れ合いがベースにあり、視聴者が本当に見たい歌手が出演しているとは言い難い状況だった。当然視聴率も低迷していたが、そこに楔《くさび》を打ち込んだのがベストテンだった。リクエストハガキとレコードの売り上げ、そしてラジオ各局と有線放送のランキングの四つを軸に集計し、弾き出された数値に基づいて順位をつけた。遠藤が続ける。

「ベストテンの放送は毎週木曜日の夜九時でしたが、準備はその前の週の火曜日から始ります。夕方四時にランキングが出ると、まずは出演者のスケジュール確認に走る。そして六時からは構成作家を交えた、通称、地獄の会議が始まります。当時の会議には、今をときめく秋元康も視聴者からのハガキを選んだりする、駆け出しの担当として参加していました。タバコと珈琲の匂いが充満する二十畳にも満たない狭い部屋で、十位から順にどういう演出にするかのアイデアを出し合うのです。いかに視聴者を驚かせ、笑わせられるか。山田さんは『何かワンカットでも面白いものを入れろ』が口癖で、朝三時、四時までは当たり前に会議が続きました」

ベストテンは、司会の久米宏と黒柳徹子との軽妙な掛け合いに加え、生放送ならではのスリリングな展開や大胆な演出で歌い手の魅力を引き出そうとする試みが人気を博した。だが、番組がスタートした当初は衛星回線を使った海外からの生中継どころか、国内中継ですら一筋縄ではいかなかった。

番組開始の翌年からベストテンの制作に携わった元TBS社員の宇都宮荘太郎が語る。

「最初は地方局も疑心暗鬼で、『たかだか三分の歌の中継に、ウチの中継車なんか出せない。もし、その時に大事件が起きたらどうするんだ』という反応でした。それでもプロデューサーやディレクターが平身低頭で趣旨を説明して理解して貰った。そのうちに数字(視聴率)がよくなってくると各局も前のめりになってきて、『来週、松田聖子がこちらにいるんですが、中継やりませんか』と向こうから言ってくるようになりました」

唄う松田聖子に合わせて口ずさむ

宇都宮は、明菜が初出演した時のことも鮮明に覚えているという。

「あどけなくて、ポチャッとした可愛らしい感じで、生放送で『緊張しちゃってトイレに行きたくなっちゃった』と言ってしまうほど、無防備でした。ただ、歌のインパクトは凄く強かったです。『少女A』は一位にはなれなかったのですが、その後、彼女はベストテン史上で最も多く一位を獲得した歌手となっていきました」

ベストテンの生放送は、朝十一時半からのドライリハーサル(セットを入れて立ち位置などを確認する)でスケジュールが動き始める。音合わせは、多忙な歌手に代わり、専門の代役が行なうことも多く、その後は十四時半から十七時までカメラリハーサル（カメリハ）。そこから〝ランスルー〟と呼ばれる通しリハーサルが十九時から二十時の間に行なわれるのが通常のパターンだったが、なかにはランスルーの時点でも、まだスタジオに到着できない出演者もいた。宇都宮が続ける。

「明菜さんは、最初の頃は音合わせから参加していました。カメリハ、ランスルーで自分の出番が終わっても、ソファから動こうとしないので、『明菜ちゃん帰らないな』と他のスタッフと話したことを覚えています。よく見ると、次の歌手が唄っているのを見ながら、一緒に唄っているんです。聖子さんが唄っている時も一緒に口ずさんでいました」

「夜のヒットスタジオ」で準レギュラー

一方、ベストテンよりも十年歴史が長い「夜のヒットスタジオ」は、テコ入れを繰り返し、七六年から総合音楽番組として再出発。その牽引役を果たしたのが、看板プロデューサーだった疋田《ひきた》拓《たく》である。クレーンを多用したカメラワークとスモークや派手な電飾などで見せ方にこだわり、入念なリハーサルは十時間を超えると言われた伝説の番組だ。

当時は、日本テレビも八一年から公開放送のランキング番組「ザ・トップテン」をスタートさせ、先行の二つの音楽番組と熾烈な視聴率争いを繰り広げていた。なかでもフルコーラスで曲を披露できる「夜のヒットスタジオ」は芸能プロからの売り込みも激しかった。

明菜のマネージャーだった元研音の角津が振り返る。

「私はフジテレビの担当でもあったので、『スローモーション』の時から『夜のヒットスタジオ』には何度も売り込みをかけましたが、まったく相手にして貰えませんでした。ところが、たまたまフジテレビに行っている時に、（疋田）拓さんが、『ねぇ、この中森明菜っていうのは誰がやってるの？』と周りのスタッフに尋ねていた。そうしたら、彼の部下だった井上信悟（現ポニーキャニオン副社長）さんが、『ここにいるじゃないですか』と私を指したんです。『全然、言ってこないじゃん』と笑っていましたが、拓さんは机に置いておいたテープを聴いてくれていた。『この人、油断ならないな』と思いました」

疋田は、音楽番組だけではなく、バラエティ番組も含めて最盛期には週十一本の番組を担当する売れっ子だったが、『夜のヒットスタジオ』に出演するアーティストのキャスティングはすべて一人で行なっていた。疋田が語る。

「ブッキングに関しては、ノートに細かくアーティストのスケジュールを書いて管理して、カメラ割りやコンテも全部書き込んでいました。誰を出演させるかという駆け引きはいつもあって、事務所のなかには売れている歌手との抱き合わせで売り込んでくるところもありましたが、それは一切受け付けなかった。その後、八〇年代半ばには、番組枠が二時間に拡大しましたが、出演アーティスト十一組のラインナップは全部私が決めていました。その頃にはマンスリーゲスト制を導入して、明菜さんにも、準レギュラーのような形で出演して頂きました。彼女は衣装も踊りも、全部自分で決めていた。周りも一目置くほどストイックで、真面目だった」

疋田の演出の要諦は、いかに他番組では見せない意外性を引き出すか。番組冒頭で、他人の楽曲をリレー形式で唄う「オープニングメドレー」もその一環であり、緊張を強いることで、歌い手の本気を引き出すことに腐心したという。疋田が続ける。

「明菜さんが唄っている場面を見ると、声の限界を出し切ろうとキツそうな顔をしたり、途中で手が震えていたりするでしょう。演出する立場からすれば、アーティストをどこまで真剣に唄わせるかが、最大の課題。私はマドンナのような大物であっても、カメラリハーサルで手を抜いた唄い方をすれば、『そんな唄い方をしていたら、誰も撮らないよ』と言ったこともあります。生放送の一発勝負ですから、こちらも腹を決めて、相手に挑んでいました。相当なプレッシャーのなかで、彼女は緊張感を持って臨んでくれた。非常にデリケートですが、言えば響く感性を持っているアーティストでした」

日本中が同じ曲を知っていた時代

明菜がデビューした八二年は、音楽業界がアナログからデジタルに変わる過渡期だった。世界に先駆け、日本でCDとCDプレイヤーが発売されたが、アルバムがレコードからCDに移行していくのは八〇年代中盤以降。CDシングルが登場するのは八八年のことである。

〝お茶の間〟という一家団欒の形が辛うじて残り、その中心には必ずテレビがあった。ビデオデッキの世帯普及率が五〇%を超えた八七年前後からは様相が変化するが、当時は家族揃って同じ番組を視聴し、日本中の人が同じ曲を知っていた時代だった。

歌手にとっては毎週のように音楽番組に出演できる幸福な時代だった。その数年間をトップランナーとして駆け抜けたのが明菜である。高校を中退し、芸能界に飛び込んだ彼女にとって、未知の世界で生きていくには、自分の身を護る〝鎧〟が必要だった。それは同世代のアイドルとは一線を画す、阿《おもね》らない姿勢だった。

先の元TBSディレクター、遠藤が振り返る。

「『少女A』の演出で、危ない女の子が世の中の危ないことに引っ掛かってしまい、その中でジタバタしているという想定で、上から蜘蛛の巣のように細いロープを被せる仕掛けを作ったことがありました。その時は『振り付けに影響が出る。何でこんな演出をするの』と怒っていました。新人でも自分が疑問に感じたら、真っ直ぐにものを言う子でした。私は、彼女が長野の地方局から中継する際に、サポートで立ち会ったことがあるのですが、その時、彼女は駅弁の〝峠の釜めし〟の写真を見て、『これ食べたい』と言い出した。所属事務所だった研音の現場マネージャーが、『分かりました』と買いに走ったのですが、やっと見つけて買って来たら、彼女が『いらない』と撥《は》ねつけた。私は一部始終を見ていたので、『それはないだろ。お前が頼んだんだろ』と苦言を呈したら、彼女も『ごめんなさい』と素直に謝った。この一件があって、逆に打ち解けるようになりました」

愛知県からタクシーで

遠藤が関わった放送回では、愛知県でコンサートを終えた明菜が、タクシーで帰京する途中、静岡放送の玄関前でベストテンの生放送に出演し、「少女A」を唄ったこともあった。タクシーが到着し、降車した途端にイントロが流れるドンピシャのタイミングだったことから、のちにこの場面が、当時人気だったバラエティ番組「オレたちひょうきん族」の「ひょうきんベストテン」のコーナーで、ヤラセを想起させるパロディとして取り上げられた。だが、実際の現場は混乱の極みだったという。

「現場では、『まだ来ねぇのかよ』『もうランキング始まっちゃったよ』と怒号が飛び交う、切迫した状況でした。次の日に東京で仕事があるとのことでしたが、彼女が『どうしてもベストテンにも出たい』と言うのでこちらで時間を計算したら、東名高速を静岡インターで下りて、そのままSBS（静岡放送）に来て貰えば間に合うんじゃないかということで設定したのです。結果的にジャストのタイミングでタクシーが滑り込んで来て、彼女がタクシーを降りた瞬間にオケが鳴って歌に入った。正直、こんなことってあるのかと思いましたね」

明菜の歌唱中は名古屋から来た臨場感を出すために、次々と指示が飛んだ。カメラはタクシーの四万円近い料金メーターに切り替わり、さらにイヤホンから音の返しが聴こえず、耳を押さえてイラっとする明菜の表情や、現場マネージャーが急いで荷物を自家用車に積み替えている姿も映り込んだ。そして唄い終わった瞬間に後部座席に明菜を乗せたクルマは東京へと走り去って行った。

番組では、十位以内にランクインした歌手が全員出演する〝フルゲート〟も珍しいことではなかった。タイトルコールの直後から巻きの状態で、分刻み、秒刻みの緊張感のなか、タイムキーパーは発狂寸前である。その瞬間も常にディレクターは何パターンものシミュレーションを頭で描き、瞬時の判断で、記憶に残る場面を切り取ってみせた。

のちに〝ベストテンの女王〟と呼ばれる明菜もまた、その極限の演出によって歌手としての存在感を一層際立たせていったのだ。

その後も「少女A」の売れ行きは好調で、研音の野崎のもとには、ワーナーの寺林から「国内だけでは（レコードの）プレスが間に合わないので、海外に頼んだ」という報告まで齎《もたら》されるほどだったという。

扱いにくい新人アイドル

しかし、一方では彼女の天邪鬼な性格が、時に現場を混乱させることもあった。

「少女A」のプロデュースを担当した元ワーナーの小田洋雄が語る。

「明菜の写真撮影に立ち会った際、彼女がカメラマンを指して、『小田さん、この人ラッキーだよね。私を撮って有名になるんだから』と言った時は驚きました。すでに一線で活躍しているカメラマンでしたが、明菜のその言葉を聞いて、彼のシャッターを押す手が止まり、『止めよう』と言い出しました。私は慌てて一時間の休憩を入れて説得し、何とか撮影を続けたのですが、彼女にはそういう奔放さがありました」

当時のアイドルのなかでも、明菜のストレートな物言いは、明らかに異質だった。新人アイドルは従順で、決して口答えしないものという先入観は、彼女には当てはまらなかった。

デビュー前、極寒の冬の海で行なわれた撮影で、五月の雑誌発売に合わせ、季節を先取りする形で薄着のまま海に膝まで浸かり、カメラに笑顔を向けるよう求められた。明菜も要求に応えようと努力はしたが、何度もダメ出しを受けるうちに、「だったら自分で入ってみたらいいじゃないですか」と本音を口にしてしまう。そのエピソードが、スタッフ間でも口の端に上るようになると、彼女の我儘《わがまま》なイメージはマスコミを通じて増幅していく。決して本人に悪気がある訳ではないが、大人たちは〝規格外のアイドル〟を持て余していたのだ。

明菜のマネージャーのもとには、彼女とラジオ番組などで共演したアイドルの所属事務所側から「明菜さんは台本にないことを突然話すので、ウチのタレントは、あまり一緒に出たくないと言っている」とやんわりクレームが入ることもあった。研音側も手を焼いている様子だったため、小田が敢えて苦言を呈すると、明菜は仕事場から姿を消し、行方をくらましてしまうこともあったという。

「私はスケジュールを仕切る立場ではなかったですが、彼女の今後のこともいろいろ考えてアドバイスしたつもりでした。ただ、研音の野崎さんからは、『明菜に説教するの、止めて貰えませんか』と言われましたね。結局最後は帰ってくる訳ですし、私自身は、もともと洋楽部門の責任者をやっていてアーティストの我が儘には慣れていたので、彼女のことはちょっと癖があるという程度の認識でした。

私が一九七一年に、当時全盛だったレッド・ツェッペリンの来日ツアーに同行した時なんか凄かったです。新幹線ではメンバーから『何で他の客が乗っているんだ？　一両全部俺たちじゃないのか。冷蔵庫を置いてビール飲みながら行くって言っただろう』とキレられ、大阪のホテルでは土産に買った日本刀（模造刀）で掛け軸を切って警察沙汰になりました。それに比べれば日本の歌い手なんてカワイイものでした。

彼女は自分の世界観で仕事をしていきたいタイプでしたが、そこに行き着くまでには、周りの大人が、明菜を憧れの存在になるよう組み立ててあげる必要があった」

〈恋も二度目なら、少しは上手に〉

ディレクターとして明菜を担当した元ワーナーの島田は、彼女の一年目の楽曲のコンセプトを「思春期の女の子が持っている表と裏をリアルに描く」と決めていた。繊細さとその裏にある不良性。島田は、「少女A」を作詞した売野雅勇に、「これからは二つの路線を

「セカンド・ラブ」、作詞:来生えつこ／作曲:来生たかお

交互に行きますから」と話していたという。

売野が当時を振り返る。

「その頃、私は明菜さんに一度だけ会っています。アルバムのレコーディングの時に、島田さんの計らいでスタジオで紹介されたのですが、『こんにちは。初めまして』と言っても、口もきいてくれないし、目も見てくれませんでした（笑）」

「少女A」の次のシングルには、当初アルバムに収録された「少女A」の路線に近い、売野作詞の「キャンセル」を推す声が根強くあった。だが、これに宣伝サイドが強硬に反発した。宣伝担当の富岡らは「ツッパリ路線の楽曲が続くと三原じゅん子のイメージと重なり、明菜が終わってしまう」と主張した。協議の末、最終的に来生えつこ作詞、来生たかおの作曲によるバラード、「セカンド・ラブ」に決まった。明菜本人が志向していた清純派路線だったが、「会社の営業などからは『こんな愚作を作りやがって』と散々な言われ方でした」と島田は苦笑する。

「『少女A』と同じ路線を求められていることは分かっていましたが、それをやれば明菜とはまた大喧嘩になり、コミュニケーションが続かなくなる。『セカンド・ラブ』のレコーディングは事前にレッスンもやりましたが、明菜はずっとご機嫌で、私も手応えを感じました」

「セカンド・ラブ」は約七十七万枚を売り上げ、ベストテンでは八週連続一位を獲得。明菜の全シングルのなかで最大のヒットを記録した。狙いはピタリとハマり、売野が書く〝ツッパリ路線〟も八三年以降は「1／2の神話」、「禁区」と快進撃を続けた。

〈半分だけよ、大人の真似〉

コピーライター出身の売野には時代の風を敏感に感じ取るセンスと軽やかさがあった。島田は「誰かいい作曲家はいませんか？」と売野に尋ね、貪欲に新しいものを取り入れようとした。売野は「売れてないけど、今一緒にやっている大沢《おおさわ》誉志幸《よしゆき》は凄くいいいですよ」と大沢を紹介したという。

「大沢君は、沢田研二の『お前にチェックイン』という曲を書いていますが、作詞は彼と同じバンド（クラウディ・スカイ）にいた柳川英巳さんです。この曲の制作段階で、担当プロデューサーから私も作詞を頼まれて書いたのですが、タイトルも、言葉のノリもあち

「1/2の神話」、作詞:売野雅勇／作曲:大沢誉志幸

らの方が断然よくて、この時はまったく敵《かな》わず、採用されなかった。ただ、それが縁で、ソロデビューを控えていた大沢君と組んでワークショップ形式で楽曲を作っていたんです。のちに、それは吉川晃司の『ラ・ヴィアンローズ』で結実するのですが、大沢君の作曲の才能は凄く評価していました。それで紹介したら、大沢君がハードロック調の曲を書いてきた。そこに僕が詞をつけ、『不良1／2』というタイトルにしたんです。気に入っていたのですが、このタイトルが猛反発を受け、ワーナー側の上層部の意向で『1／2の神話』に変更を余儀なくされました」

タイトルにこだわりを持つ売野にとって変更は不満だったが、楽曲そのものの評価は高く、ベストテンでは七週連続一位となり、五十七万枚超を売り上げた。

キャピトル東急ホテルの十階

売野にとっても、八三年は作詞家の仕事を続けていく自信を深めた年になった。それは当代きってのヒットメーカーだった作曲家の筒美京平から作詞のオファーを受け、河合奈保子の「エスカレーション」や稲垣潤一の「夏のクラクション」といった作品を世に送り出したからでもあった。売野が語る。

「『少女A』は自宅で書き上げたものですが、この頃から東京ヒルトンホテル(のちのキャピトル東急ホテル)の十階にある決まった部屋をとって詞を書くようになりました。ダブルベッドがあって、ソファと机がある。その部屋の作りが気に入って、二〇〇六年に建て替えで取り壊されるまで、詞を書く時は可能な限りいつもこの部屋を押さえていました。ただ、たびたび部屋の予約で競合する相手がいて、誰かなとずっと気になっていたら、のちにそれが南こうせつさんだったと分かったのですが(笑)。

当時は、『少女A』のインパクトが強く、一年くらいは同じ路線の詞を求められましたが、河合奈保子さんと明菜さんとでは声も、キャラも違う。『エスカレーション』はセクシャルな部分も含めて詞にするということで、奈保子さんの清純な印象からイメージチェンジする曲になった。明菜さんには特殊な世界を設定して、深層にあるテーマを描いた」

八三年九月に発売された「禁区」は、売野がコピーライター時代に谷村新司、堀内孝雄らを擁するアリスの北京公演に同行した際に出合った〝言葉〟がタイトルにそのまま使われている。売野が解説する。

「僕らは写真集を作る仕事で同行していたのですが、その合間に会場周辺を散策して歩いていたんです。たまたま裏手にあるドアを開けたら、白い壁があって、その先に赤い文字で〝禁区〟と書いてあった。強烈なインパクトがあって、ある種暴力的な、国家権力のようなものを感じました。これはどこかで使えるかもしれないと、その言葉をインプットしておいたことが役立ちました」

〈戻りたい、戻れない、気持ち裏腹〉

〝禁区〟は、中国語で「立ち入り禁止区域」を意味する。売野にとって、こうした言葉の断片をキャッチする作業は、創作活動の方法論の一つと言っていい。そのルーツとなっているのは、かつてジョン・レノンがビートルズ時代に書いた「Happiness Is A Warm Gun」を巡るエピソードである。

この作品のタイトルは、全米ライフル協会発行の雑誌に掲載された広告のキャッチフレーズから採られている。撃ったばかりの温かい銃を握って幸福を感じるという表現。ライフルの愛好家だけが共有する感覚は、部外者には衝撃だが、それはジョン・レノンにとって詩であり、歌であった。そこから作品の着想を得たジョン・レノンは、想像力を掻き立てる含みのある歌詞に仕上げた。

「禁区」も手法は同じだった。売野は、街角で誰にも気付かれず、それでいて誰もが目にしている言葉を拾い上げ、詞を紡いでいく術を方法論として身につけていたのだ。

周囲はこのタイトルに難色を示したが、売野は、〝禁区〟という言葉の強さに惹かれ、そこに〈私からサヨナラしなければ　この恋は終わらないのね〉という冒頭の二行のアイデアを組み合わせて、あっという間に詞を完成させた。売野が続ける。

「作詞の参考のために購読していたティーン雑誌に、人生相談のコーナーがあり、そこに店長と不倫する高校二年生のアルバイトの女の子の投書が載っていました。カラダ目当ての店長との恋愛に悩む彼女は、『この恋は、私から終わりにしなければ終わらないのでしょうか』と最後に綴っていました。これはそのまま詞になると思い、私は投書の彼女のために詞を書くことにしました」

実はこの楽曲には、売野が詞先行で書いたものと、作曲を任された細野晴臣が曲先行で書いたものが別々に存在し、当初はそれを交換して二つの作品として完成させる予定だっ

「禁区」、作詞:売野雅勇／作曲:細野晴臣

た。ところが、ディレクターの島田は売野の詞に惚れ込み、細野に「禁区」の方に曲をつけるよう依頼する。結果的に細野が曲先で作った曲は、売野の詞がつけられる前にボツになってしまった。

そこで細野は、「はっぴいえんど」時代の盟友、松本隆の作詞で、その作品をYMOの「過激な淑女」として発表した。この創作過程の逸話は一部ではよく知られた話だが、作品の完成までには、さらに紆余曲折があったと売野が語る。

「『禁区』には細野さんがいい曲をつけてくれたのですが、歌入れの段階で、島田さんが『2コーラス目を変えて下さい』と言い出したのです。『少女A』と同じパターンでした。『ちょっと過激すぎます』と言うので、サビは変えませんでしたが、AメロとBメロの六行ほどに手を入れました」

出来上がった曲は明菜の〝拒否反応〟を想定し、仮タイトルを「芽ばえ」としてレコーディングを行ない、発売前にタイトルを戻したという。

「明菜は一日三千万円稼ぐ」

当時の明菜は、シングル曲を出せば五十万枚を超えるセールスを期待される存在になっており、「禁区」も約五十一万枚を売り上げた。デビュー二年目の八三年はレコードの売り上げだけで六十七億円という数字を叩き出し、ワーナーの幹部のなかには、「明菜は一日三千万円稼ぐ」と公言する者もいた。

八三年は、細川たかしの「矢切の渡し」や大川栄策の「さざんかの宿」、佳山明生の「氷雨」など演歌勢のヒットが続いたが、明菜は年間ベストテンに「1／2の神話」と「禁区」の二曲がランクイン。初登場からわずか一年半で、「ザ・ベストテン」の〝顔〟として不動の地位を築いた。

その時の「ザ・ベストテン豪華版」（十二月二十九日放送）では、紅白のリハーサルで足に怪我を負った明菜が登場。当初はトークだけの出演予定だったが、番組側からの説得で、急遽「1／2の神話」を唄った。元番組ディレクターの遠藤氏が語る。

「生放送中に、ソファの隅っこに座る彼女の隣で、（プロデューサーの）山田さんが必死に説得している姿が画面の端に映り込んでいました。もちろんVTRも用意していたのですが、番組的には年間ベストテンに二曲も入っているのに本人が一曲も唄わないというのはかなり厳しい状況と言わざるを得ません。そこで山田さんが『唄っちゃおうよ』とずっと粘った末に、ギリギリのところで彼女から『唄います』というひと言を引き出したのです。あの子は一度言い出したら聞かないと誰もが思っていたので、みんな『凄い』と驚いていましたが、その熱意に応える真っ直ぐなところも、また彼女の一面なのです。

以前に『セカンド・ラブ』で出演した際には、風邪で喉を痛め、声が出にくいなかで、苦し気な表情で唄い切り、最後は満足のいかない歌唱に涙をポロポロ零したこともあった。その時は担当のディレクターが『奇跡だ。最後の場面だけで今日は救われた。歴史に残る回になった』と興奮気味に語っていたことを覚えています」

松田聖子という存在

「ザ・ベストテン」にとって八〇年代初期は、松田聖子の登場で、主役の顔触れが次の時代へとバトンタッチする端境期でもあった。山口百恵は引退を前に最後のスタジオ出演を果たした八〇年九月二十五日の放送で、「青い珊瑚礁」で二週連続一位を獲得した聖子に花束を手渡した。それは新旧の主役が入れ替わる儀式のようでもあり、翌年三月二十六日のピンク・レディーの最後の出演では、ピンク・レディーが唄った後、静岡駅に滑り込んで来た新幹線から降りた聖子が、絶妙のタイミングで「チェリーブラッサム」を歌唱する伝説の場面が放映された。

「ザ・ベストテン」の生みの親である山田にとって、八〇年四月に「裸足の季節」でデビューした松田聖子は特別な存在だった。

二枚目のシングル「青い珊瑚礁」が八位にランクインし、初登場した際に、札幌の仕事を終えて空路で羽田空港に到着する聖子が、タラップから降りて来る場面を生中継するために山田が奔走した逸話は語り草になっている。風の影響で到着が早まりそうになるや、全日空の広報に「スピードを落として下さい」と掛け合い、強運も味方し、奇跡的にベストのタイミングでの生中継が実現した。さらに初めて「青い珊瑚礁」で一位を獲得した時には、母親から届けられた手作りのお弁当に感動した聖子が「お母さ〜ん！」と涙声で絶叫するシーンが大きな話題を呼んだ。「ザ・ベストテン」を彩る名場面の主役として聖子は欠かせない存在だった。

ファンであることを公言してきた明菜にとっても、松田聖子は常に仰ぎ見る存在だった。

しかし、デビューが決まってからの激動の二年は、明菜の内面にも大きな変化を齎していた。十代の無邪気さと裏腹のプライド。それは傍から見れば、聖子への強烈なライバル心の芽生えでもあったのだ。

第四章

出逢いと聖域

近藤真彦と初共演した映画「愛・旅立ち」のパンフレット
（1985年1月公開）

初めての全国ツアー

一九八三年二月から始まった明菜の初の全国ツアー「Ａｋｉｎａ Ｍｉｌｋｙｗａｙ'83春の風を感じて」は、全国十八都市、十九公演の日程を終了し、六月に終わりを迎えた。ツアーは初日の新宿厚生年金会館の昼夜二回で約五千人を集めるなど、いずれの開催地も完売状態で、会場の周りには親衛隊が挙って詰めかけた。まずは上々の滑り出しだった。

コンサートの手配を中心になって行なっていたのは、研音でマネージャーを纏める部長職にあった角津徳五郎。老舗芸能プロ「芸映」出身で、いしだあゆみのマネージャーなどを務め、研音移籍後は、堀江淳の売り出しで経験を積んだ。角津が語る。

「堀江の場合は、レコード会社からは『申し訳ないが、予算がない』と通告されてチラシも作って貰えないなか、有線放送やレコード店などを地道に回り、約八カ月かけてデビュー曲『メモリーグラス』がヒットしました。

ただ、明菜の場合は事情がまるで違っていました。デビュー後にサイン会で地方に行くと、駅周辺に人が集まっていて、『人が多くて賑やかな町だな』とのんびり構えていたら、段々と人が溢れてきて、それがサイン会の参加者だと分かった。『ヤバいな、この状況は』と判断して、そのまま帰って来たことも何度かありました。そうかと思えば、集まったファンと明菜が応援の仕方を巡って喧嘩を始めたこともあった。そのうちにサイン会どころではなくなっていきました」

手応えを感じていた角津は、早くからイベンターを通じて夏のコンサートの予定を調整し始めた。しかし、七月に発売した「少女A」のヒットによって、予定していた小さい会場から大きな会場へとスケールアップすることになり、スケジュールの見直し作業に追われた。そして秋になり、十一月二十七日に渋谷公会堂で初めての本格的なコンサートを行ない、ようやく決まった初の全国ツアーだったが、すべてが順調だった訳ではない。

明菜がバックバンドの伴奏に不満を漏らし、「新しくバンドを探して欲しい」とリクエストを出していたからだ。

明菜の意向を尊重した研音側は、港区にある「つづきスタジオ」に六人のバンドメンバーを集めた。メンバーは全員譜読みができるという触れ込みだったが、実際に音を出して、彼女が気に入るか否かが採用の関門だった。

顔合わせの日、スタジオに姿を見せた明菜は挨拶もそこそこに、早速、音合わせに入った。演奏が終わると、明菜は笑みを浮かべて嬉しそうに口を開いた。

「十八人でもできなかったのに、たった六人でこんな音が出るんだね」

以前のコンサートはビッグバンドに近い編成が組まれていたが、それでも物足りなさを感じた明菜の素直な感想だった。

「ファンタスティックス」結成

六人のメンバーのうち、松田聖子のバックを務めるなど、テレビの仕事もこなしていたギターの渡辺武志と大阪のビッグバンド出身のベース、島田隆史は譜面に強かったが、決してスタープレイヤーがいた訳ではない。メンバーを集めたのは、キーボード担当で、バンドマスターだった藤野浩一である。のちにＮＨＫの「レッツゴーヤング」や「紅白歌合戦」などの数多くの音楽番組で作編曲家として活躍し、ポップスオーケストラの指揮者としても知られる音楽プロデューサーだ。

藤野が当時を振り返る。

「薄暗いスタジオに彼女が現れた時の印象はほとんど残っていないのに、演奏後に発した彼女の言葉だけは鮮明に記憶しています。僕らはその場で採用が決まり、バンド名は角津さんが『ファンタスティックス』と名付けました。そこから時に六人編成、時には八人編成で、足掛け七年間にわたって中森のバックバンドを務めることになりました」

音大を卒業した藤野が、トランペットを捨て、作編曲家兼キーボード奏者としての活動を本格化させたのには、序章で触れた通り、坂本九との出会いが大きく影響している。

坂本九の親心

藤野の大学の後輩が、坂本の娘二人にピアノを教えていた縁で、アレンジャーを探していた坂本に繋いでくれたのだ。ただ当初は、地方公演に同行し、バックバンドに「この曲はこのぐらいのテンポで」「ここからは九さんがお客さんと絡んでいくので、譜面をそのまま行かないで待っていて下さい」などと指示を出す説明係に過ぎなかった。当時は全国を名古屋で分け、それより東は東京から森寿男とブルーコーツ、名古屋以西は大阪から北野タダオとアロージャズオーケストラという老舗のオーケストラを呼び、伴奏を任せていた。

坂本が所属していたマナセプロダクションは、戦後芸能プロダクションの草分けとして知られ、一九四八年に曲直瀬《まなせ》正雄・花子夫妻が設立した芸能社がルーツである。曲直瀬夫妻の長女・美佐は、のちに渡邊晋と結婚し、渡辺プロダクションを設立して芸能界を席巻していく。坂本は一九六一年に発売された「上を向いて歩こう」が空前の大ヒットを記録し、六三年に米国では「SUKIYAKI」のタイトルで全米チャートの一位を獲得。日本を代表するスターとして、押しも押されぬマナセプロの看板歌手だった。

藤野はその坂本に可愛がられ、自宅に招かれて食事をご馳走になることもあったという。そのうちに説明係からキーボード担当になり、アレンジも任されるようになった。

坂本は毎年九月九日に行なっていた恒例のコンサートで、編曲家の大御所、前田憲治だけでなく、藤野にも二曲だけ編曲を託した。それは前田が書く譜面を見て学びを得て欲しいという坂本の親心だったのだろう。その後は仕事の幅が広がり、次第に細川たかしや森進一を始め、各方面から藤野にはコンサートのスタッフとして誘いの声が掛かるようになった。

中森明菜か、シブがき隊か

明菜に関わるきっかけは、石野真子のバンマスだったトロンボーン奏者から「バンドを組んでみないか」と持ち掛けられたことだった。ジャニーズ事務所とも近かった彼は、最初にこう提案してきたという。

「中森明菜っていう子と、あとはシブがき隊というのがいるけど、どっちをやる？」

藤野は、名前の印象だけで「女の子の方がいい」と答えた。当時はまだ演奏に自信がなく、管理が厳しいジャニーズ事務所との仕事では、早晩使い捨てられてしまうのではないかという懸念が頭を過ったからでもあった。藤野はすぐにバンドで一緒にやってみたいと思う知り合いに片っ端から電話をかけ、メンバーを集めた。

こうしてファンタスティックスは、明菜の専属バンドとしての活動をスタートさせたが、彼らが起用されるのはコンサートのみだった。レコーディングクルーとは明確に分けられ、当初はテレビ出演の際にも伴奏を任されることはなかった。藤野が振り返る。

「専属と言っても月給制ではなく、一本いくらという形でした。練習の予算もなかなか出ないため、自腹でスタジオを押さえて練習を重ねました。河口湖に安いスタジオがあって、そこにメンバーだけで合宿に行ったりもしましたし、とにかくいいバンドにしたかった。

コンサートの選曲は、舞台監督らが研音のマネージャーなどと話して叩き台を作り、本人に見せて確認をとってから僕らに発注が回ってくる形でした。他のアイドルとはまったく違うタイプで、プロデュース志向が強かったので調整は大変だったと思います。逆に言えばその防波堤があったから、僕らは彼女と揉めることなく、仲良くやれたんだと思う」

オリジナル曲をステージで演奏する際のアレンジには常に頭を悩ませたが、メンバーにはパートごとにきっちり譜面を書いた。女性歌手はベースの音を聴いて唄うことが多く、とくにベーシストには毎回同じベースラインを忠実に再現させるために入念な譜面起こしを心掛けた。

ただ、生の演奏とは別に予め作ってある音源に合わせて演奏する同期演奏（シークエンス）やクリック（メトロノーム音）には当面頼らなかった。例えば、その日の明菜の気分や調子に合わせて、速く唄いたいのなら、可能な限りそのテンポについていく。時にはその演奏を聴いて「バンドが走り気味」と指摘するスポーツ紙の音楽担当記者にクレームを入れたこともあった。藤野が続ける。

「八三年七月から始まった『Ｒａｉｎｂｏｗ　Ｓｈｏｗｅｒ』ツアーの中野サンプラザでの公演を、ＮＨＫの名プロデューサーとして知られた河東茂《かわひがししげる》さんが観に来てくれて、『レッツゴーヤング』の特番を僕らのバンドに任せたいという話になったのです。当時番組には高橋達也と東京ユニオンがハウスバンドとして入っていましたが、僕らも伴奏の仕事をやらせて貰うようになりました。『レッツゴーヤング』では中森も他ではやらないような曲をやるようになっていました。例えば、八五年のレコード大賞受賞曲『ミ・アモーレ』のＢ面曲の『ロンリー・ジャーニー』がそうですね」

藤野にとっては、アレンジの仕事をさらに広げていく端緒にもなった。

〈Ｌｏｖｅ　Ｉｓ　Ｔｈｅ　Ｍｙｓｔｅｒｙ〉

翌八四年は、元日に発売された明菜の七枚目のシングル「北ウイング」で幕を開けた。ワーナーの担当ディレクターだった島田は「これまでとは違った中森明菜の世界を作り上げるために、歌の主人公を恋人が待つロンドンへと旅立たせるイメージを描いた」という。

「北ウイング」、作詞:康珍化／作曲:林哲司

作詞は康珍化《カンチンファ》で、作曲は林哲司。二人は杉山清貴&オメガトライブのデビュー曲「SUMMER SUSPICION」を書いたコンビで、明菜の希望により起用されたことが定説になっている。だが、作詞家の売野は「ディレクターの島田さんから、『誰かいい作曲家いませんか』と再度聞かれたので林さんの名前を出した。林さんの電話番号まで伝えたので、てっきり作詞は私に来るものだと思ったのに」と苦笑する。

林はシンガーソングライターとしてデビューし、その後は作編曲家として洋楽テイストを織り込んだポップスの名曲を数多く残した。彼が手掛けた七九年の松原みきのデビュー曲「真夜中のドア~Stay With Me」は、四十年の時を経て海外のユーチューバーがカバーしたことで、世界的なヒットを記録した。八〇年代のシティポップの再評価ブームの象徴として、絶大な支持を受けたことも記憶に新しい。

当初、「北ウイング」は「ミッドナイト・フライト」というタイトルだったが、明菜は、松任谷由実の「中央フリーウェイ」が高速から見える実際の風景を描いて支持されたことに影響を受け、成田空港に実在する「北ウイング」にタイトル変更を提案した。イントロのストリングスが駆け上がっていくフレーズが、飛行機の離陸を想起させたことから、その印象が詞にも反映されたという。
「北ウイング」は、オリコンチャートこそ最高位は二位に留まったが、「ザ・ベストテン」では当初十五位に甘んじながら、一月十九日の放送で一位を獲得すると、五週連続一位をキープして勢い付き、六十一万枚を超えるヒットに繋がった。
四月には「ワインレッドの心」で前年にブレイクした安全地帯の玉置浩二が作曲した「サザン・ウインド」をリリース。作詞を担当した来生えつこは、「スローモーション」や「セカンド・ラブ」などの清純派路線の詞の世界から一転して、南国のビーチリゾートを舞台にしたアバンチュールを映画のワンシーンのように切り取って描き、ヒットに結び付けた。

〈発破かけたげる、さあカタつけてよ〉

そして再び明菜は、売野が作詞するツッパリ路線に回帰する。それが八四年七月に発売された「十戒（１９８４）」である。作曲は、日本のロック界、フュージョン界の黎明期を支えた国内屈指のギターリスト、高中正義だった。当初「十戒」には、売野ではなく、

「十戒」、作詞:売野雅勇／作曲:高中正義

松任谷由実が書いた詞がつけられていたという。売野がその経緯を明かす。

「ディレクターの島田さんが曲を依頼したら、高中さんが『それならこっちで詞をつけます』と友人だったユーミンに作詞を託した。私もチラッとだけ見せて貰いましたが、主人公の女性がガードレールに座ってポニーテールを解く場面から始まり、ポエティックな、とてもいい詞だなという印象を受けました。ただ、それは明菜ちゃんの路線とは違うということになって、私に依頼が来たんです」

「十戒」は冒頭からいきなり〈愚図ね　カッコつけてるだけで〉というインパクトある言葉で始まる。畳みかけるような攻撃的な歌詞とギターサウンドを前面に出したロック調の曲だった。それに加えて、黒で統一した衣装と笑顔を排したクールな表情が作り出すヴィジュアルが、唯一無二の存在感を際立たせていた。「少女A」で見せた拒否反応から二年。彼女は歌の主人公に成り切る術を身につけ、そのスタイルを確立させたのだ。

レコード売り上げは累計で六十一万枚を超えたが、売野が明菜に詞を提供したのは、これが最後となった。

異端の存在としての明菜

売野が続ける。

「これと言った理由がある訳ではなく、ディレクターと明菜さんとの関係に何か変化があったんじゃないかと思います。彼女はアイドルのなかでは特殊な存在で、ある種、異端と思われていますが、いつの時代にもシンガーの世界には、そういう異端の存在に席が用意されている。しかも彼らは必ずヒットを生む。

例えば、マドンナはステージでの衣装も、楽曲のコンセプトもセンセーショナルでした。『パパ・ドント・プリーチ』は社会問題となっていた未成年の妊娠、人工中絶をテーマにした内容で、衝撃的でしたが、明菜さんもセンセーショナルという意味では同じだったと思う。異端が支持されなくなれば、世の中は一色に染まり、途端に退屈な時代になってしまう」

八〇年代という時代は、歌謡界の王道も異端も受け入れるだけの懐の深さがあった。七〇年代の終わりに男性ファッション誌の創刊に携わった売野は、その時代の勢いを最も体現したうちの一人だろう。

「ファッション誌を作っていた当時、音楽ではYMOが〝TOKIO〟というコンセプトで世界に飛び出し、音楽やファッションの垣根を超えて人気を呼びました。八〇年代に入ると、コム デ ギャルソンの川久保玲や山本耀司といった気鋭のデザイナーがパリコレに進出した。東京が情報の発信源となり、時代がガラリと変わった。日本は経済大国に上り詰めていく〝金ピカ〟の時代を迎えていました。変化を最初に感じ取ったのは広告業界で、そこに才能が押し寄せ、コピーライターは音楽業界に流れた。ゴールドラッシュの時代と同じで、隆盛あるところに人材とカネは集まり、良質な音楽が生まれたのだと思う」

〈私は泣いたことがない〉

明菜は十八歳にして巨大な音楽ビジネスの渦に巻き込まれた。ディレクターの島田は、明菜と会社との板挟みに苦悩しながらも、初期の成功体験に囚われることなく、新しい明菜像を模索した。その一つの完成形が、八四年十一月に発売された井上陽水の作詞作曲による「飾りじゃないのよ涙は」である。

陽水は「少女A」を唄う明菜の振り付けを観て気に入り、八三年一月十三日放送の「ミュージック・フェア」ではたっての希望で、明菜と初共演を果たしている。トーク中も明菜を絶賛する陽水に対し、彼女は至って素っ気ない対応で、「(陽水の歌は)そんなに聴きはしませんでしたが、一番上の長女が大ファンで、レコードはほとんど家にはあります」とだけ答え、この時は昭和歌謡の名曲「銀座カンカン娘」をデュエットした。戦後の東京で、活気を帯び始めた街を闊歩する新しい女性像を描いた「銀座カンカン娘」は、ある意味で「飾りじゃないのよ涙は」の、誰にも媚《こ》びず、決して泣かない主人公のルーツと言えるかもしれない。

その翌年、島田は陽水に楽曲を依頼する。陽水のヒット曲「夢の中へ」のような曲を作って欲しいとイメージだけ伝えたという。島田が語る。

「詞の世界は陽水さんに委ねていたのですが、デモテープを聴いた時、理屈っぽさを感じてしまい、正直ちょっと厳しいかなという感想を持ちました。ただ、NGにする訳にもいかず、当初はアルバムに収録する曲として考えていました。

ところが、オケ録りの日に陽水さんが現れ、女性シンガーの仮歌を聴いて、『イメージ

「飾りじゃないのよ涙は」、作詞作曲:井上陽水

が違う。僕が唄っていい？』と言う。『構いませんが、キーが違いますよ』と答えたら『大丈夫、これくらいなら地声で行けるから』とスタジオに入って行きました。陽水さんが生演奏に合わせて唄うと、鳥肌が立ちました。ミュージシャンも大ノリで、素晴らしい楽曲になった。これはシングルで行くしかないとすぐに決断しました」

明菜は見事に陽水の世界観を表現し、彼女はアイドルから本格的なシンガーへと転身を遂げた。のちに八七年十二月三十日に放送された「夜のヒットスタジオ　スーパーデラックス」では、明菜が井上陽水と玉置浩二の大御所二人をバックに「飾りじゃないのよ涙は」を迫力ある歌唱で披露し、歴史に残る名場面として語り草になっている。

アーティスト志向

明菜にとって八四年は充実した一年だったが、アーティスト志向が強くなればなるほど、周囲との軋轢《あつれき》も表面化していく。レコード発売と連動する形で、コンサートの準備も進められたが、リハーサル日に明菜が失踪する〝事件〟もあった。元研音の角津が明かす。

「コンサートでは、明菜本人が選曲した歌を唄うコーナーを設けていました。その時は洋楽のカバーを三曲唄うことになっていたのですが、リハーサルのために『つづきスタジオ』に来た彼女は、まったく英詞を覚えていませんでした。さすがに頭に来て怒鳴り上げると、彼女はそのまま飛び出して行きました」

現場のマネージャーから連絡があったのは、それから二時間後だった。「いま彼女がスタジオの一階にいるので、迎えに来て貰えませんか」というので、角津が「自分で歩いて来るように言え」と突き放すと、不貞腐れた様子の明菜が姿を見せた。

「続けるか、続けないかは自分で決めろ。止めるんだったら、止めても構わない」

角津は明菜に迫った。そしてようやくリハーサルを始めると、明菜は選曲した三曲の洋楽を見事に唄った。失踪していた二時間の間、彼女は必死になって歌詞を覚えていたのだ。

明菜は周りを巻き込みながら、いつも自分を演出し、人の心を摑んでいった。

レコーディング中の集中力

しかし、ディレクターの島田には、明菜の微妙な変化が気になっていた。

「彼女はいつもこちらが望む以上の結果を出してくれましたが、その集中力はある種の狂気を孕《はら》み、私自身も引き摺られた部分がありました。明菜との仕事で夜も眠れず、胃の痛みで三回救急車に乗っています。中途半端な覚悟でできるものではありませんが、そのうちに彼女のレコーディングでの集中力が落ち始めたのです。納得行くまで何度も挑んできた彼女が、夜が更けてくると段々とソワソワし、『もういいでしょ』みたいな雰囲気が出てくるようになった」

その原因はのちに明らかになる。八五年一月に公開された映画「愛・旅立ち」（章扉参照）で共演した近藤真彦との秘めた恋が始まっていたのだ。

明菜の二年前にデビューした近藤は当時、すでに日本を代表するトップアイドルだった。近藤のファンであることを公言していた明菜と近藤との共演を実現させたのは、映画プロデューサーの山本又一朗。現在は小栗旬などの俳優を抱える芸能プロ「トライストーン・エンタテイメント」の代表である。

山本が映画製作の経緯を語る。

「私は明菜がデビューする前の『スター誕生！』の頃から注目していました。もともと親交があった研音に彼女の所属が決まってからは、映画の話を折に触れて打診していました。

研音側からの了解を貰って、マッチの所属するジャニーズ事務所のメリー喜多川さん（二〇二一年八月十四日に逝去）に交渉に行き、最初は『太陽を盗んだ男』を監督した長谷川和彦ことゴジが書いた脚本で企画を進めました。私もゴジも表現者として明菜を評価していましたが、結局、この企画は頓挫し、監督も脚本も替え、再スタートすることになった。それが『愛・旅立ち』という映画です」

箱根へのドライブ

映画の撮影が始まるに際し、メリーは「山本さん、二人を一緒に連れて行って、食事でもして」と配慮をみせた。ちょうど翌日が二人とも休みだったことから、山本は買ったばかりのベンツで二人を迎えに行った。

運転好きの近藤は山本のクルマに興味津々で、「山本さん、ドライブ行きましょうよ」と声を掛けてきた。

「結局、マッチがハンドルを握り、助手席には明菜、そしてバックシートには私が座りました。起きているのも何かバツが悪い感じがして、二人には『俺は後ろでひっくり返っているからな』とひと声掛けました」

ベンツは夜中の高速を箱根方面に向かった。山本が続ける。

「二人の会話を聞くともなく聞いていると、ベストテンで二人が共演した時、次の出番が誰で、あの日はこうだったよねと他愛もないことを楽しそうに話していました。二人は恋愛にはまだ程遠い、本当に初々しい感じで、微笑ましかった」

箱根ターンパイクを通り、都心に戻りかけた時、マッチは思い出したように「お腹が空いた」と声を上げた。ただ、トップアイドル二人を連れて行ける店があるはずもなく、山本は帰る途中にある自宅に二人を誘った。そして就寝している家人を起こさないようこっそりパスタを作って二人に食べさせ、ベンツでそれぞれ送り届けたという。

撮影期間中は、二人に交際を感じさせるような動きは微塵もなかった。

誰も支配することはできない

しかし、二人に注目するマスコミの取材はヒートアップしていた。映画後半の舞台となった鹿児島県の徳之島でのロケに集まったマスコミは約三百人。制作陣は、鹿児島からシャワールームやベッドルームまで備えたマイクロバスを二台手配し、マッチと明菜の二人を別々にして、それぞれの事務所スタッフが乗り込めるよう段取りを組んだ。

日差しの強い、暑い日だった。山本は焦《じ》れるマスコミに対して、昼食後に取材の時間を設けることを約束し、二百メートル以上離れた場所で待機するよう指示を出した。

約束の時間ちょうどに、マッチはバスを降り、姿を見せた。しかし、明菜は現れない。マネージャーが明菜の乗るバスに駆け寄って行き、ドアを叩くが、返事がない。もう一人のマネージャーも駆け付けたが、それでも反応はなく、五分が過ぎ、やがて十分を超えた。噴き出す汗とスタッフ間に飛び交う怒号。時間は刻々と過ぎていく。

もはや限界だった。山本が意を決し、深呼吸してから扉を叩いた。「明菜」と名前を呼んでも反応はなく、一拍置いてから、再び声を掛けた。

「明菜始まるよ、行こうか」

するとバスの中から女性マネージャーの「すいません、何か」という声がして扉が動いた。その瞬間、山本が扉に手をかけ、一気に開けると、そこには明菜が立っていた。

「どうですか？　山本さん、似合います？」

彼女はそう言って映画で使う衣装を誇示するようにポーズをとった後、バスから走り出て来た。

取材を放棄していれば、現場は混乱を極めたはずだった。彼女は仮にも先輩であるトップスターのマッチを待たせたうえで、そのピンチを自らの見せ場に変えた。そして胸のすくような結末で周りの気持ちを一気に摑んだ。誰も明菜を支配することはできない。そんな強さが当時の彼女を形作っていた。

〝あの夜〟から始まった近藤との秘めた恋は、彼女にとって唯一の〝聖域〟だった。

二人の仲はその後もマスコミの恰好の餌食となったが、彼女は近しい人たちの前ではその一途な思いを隠そうともしなかった。時には、近藤のレコーディング現場に手作りの弁当を届け、近藤の帰りを彼のマンションでひたすら待つ。互いの事務所も半ば公認で、誰も咎《とが》めることはなかった。

献身的に尽くした二十代の恋は、やがて悲劇的な結末へと向かうことになるが、当時の明菜にとってはこの時代が、公私ともに充実し、将来の幸福の形を思い描くことができた絶頂期だったのかもしれない。

第五章

狂い始めた歯車

「DESIRE −情熱−」で、前年に続いて二度目のレコード大賞を受賞
(1986年12月31日。スポーツニッポン)

今年こそレコード大賞

一九八五年は明菜にとって転機の年だった。

デビュー当時から彼女を支えてきたワーナーのディレクター、島田が担当を外れることになったのだ。

島田は明菜との関係がギクシャクし始めたことで、決定的な衝突を起こす前に身を引くことを選んだのだという。

「明菜は、シングルを出せば毎回、五十万枚、六十万枚を売り上げて、当時としては珍しくアルバムも売れるアーティストでした。当然私も物凄いプレッシャーのなかで仕事を続けていたので、決して負けてはダメだと狂気を演じて自分を作っていたところもありました。研音側からは『ワーナーにもう一人、中森明菜がいる』と言われていました。ワーナーの同僚にも怖がられていたと思いますし、疎《うと》まれていたと思う」

当時を知るワーナー元幹部によれば、次第にブランド物を身につけるようになり、派手になっていく島田を社内で訝しく感じていた者がいたことも確かだった。島田は「飾りじゃないのよ涙は」以降はプロデューサーとして関わる形になり、三月発売「ミ・アモーレ」、五月発売の「赤い鳥逃げた」をもって、明菜から完全に離れていく。後任ディレクターには、洋楽部門から異動してきた藤倉克己が就任した。ローリング・ストーンズ好きの洋楽フリークで、アイドルの楽曲制作の経験はなかったが、逆に明菜の作風に新鮮さを齎すとして、ワーナー内部で彼を推す声があったという。

ただ、「ミ・アモーレ」については、ジャズピアニストで、ラテンフュージョン界の第一人者だった松岡直也に島田が、楽曲を依頼した。

「私は松岡さんに『ラテンのいい感じで』と曲を発注して、作詞については『世界に羽ばたく明菜』というイメージを藤倉君に伝えていました。ところが、作詞家の康珍化さんから上がってきた詞は、私が思っていたのとはまるで違っていました。正直頭を抱えましたが、詞を書き直して貰い、最初の詞もボツにする訳にはいかないので、アレンジを変えて『赤い鳥逃げた』として12インチシングルで発売したのです」

歌詞の変更は研音の意向でもあった。野崎会長を筆頭に「今年こそは明菜にレコード大賞を取らせよう」と全社をあげて意気込むなかで、「赤い鳥逃げた」では、賞が逃げてしまうと異論が出たのだ。そこで作詞家の康珍化に「書き直して欲しい」と依頼したところ、すぐに新しい詞が上がってきた。リオのカーニバルを舞台にした、その詞の完成度の高さに野崎会長も感嘆したという。

狙い通り、「ミ・アモーレ」は六十三万枚を超える大ヒットとなり、その年のレコード大賞を受賞した。そして、明菜のデビュー記念日である五月一日に発売された「赤い鳥逃げた」もヒットチャートに食い込んだ。さらに、そのB面曲で、当時の明菜のお気に入りだった「BABYLON」が収録され、四月に発売されていた八枚目のアルバム「BITTER&SWEET」も高い評価を受けた。

バリライト

このアルバムは、当時「ニューミュージック」という括りで呼ばれたシンガーソングライター系の名立たるミュージシャンを制作陣に起用している。EPO、CHAGE and ASKAの飛鳥涼、サンディー&ザ・サンセッツの久保田麻琴、吉田美奈子、そしてアルバムのアドバイザーとしても関わった角松敏生《かどまつとしき》など錚々《そうそう》たる顔ぶれが、それぞれ持ち味を生かした楽曲を提供した意欲作となった。

アルバムは出色の出来だったが、それ以上に、アルバム発売を受けてスタートした「BITTER&SWEET」ツアーは、ある意味で明菜のステージの一つの完成形を示したものになった。八五年七月六日の群馬県民会館から始まり、二十六都市二十九公演を敢行したが、元研音の角津にとっては、最も印象深いツアーだったという。

「私が研音を離れる前に、最後に手掛けたツアーでした。あとから聞かされたのですが、このツアーの様子を収めたライブビデオは、その後のアイドルのお手本になったそうです。彼女の歌や衣装だけでなく、照明やPAも含めたすべてにおいて評価が高かった」

この時のツアーでは、新宿厚生年金会館の公演で照明にバリライトが用いられた。バリライトとはコンピュータ制御による遠隔操作で、照明の色彩や光量、その方向までも自在に動かせるとされたムービングライトだ。最初にコンサートで導入されたのは、八一年にスペインのバルセロナで行なわれたジェネシスのライブだったとされている。

明菜の専属バンド、ファンタスティックスの藤野が振り返る。

「当時の中森のライブでは、バリライトはまだ上下にしか動かせなかったのですが、それでも新鮮ではありました。一緒にツアーを回り始めて二年目くらいの時は、ツアーの終わりに九州のプロモーターが持っている海の家にみんなで行って、彼女を海に投げ込もうと追いかけ回したり、無邪気で、楽しい雰囲気があった。

ただ、次第に周りの環境も変わっていき、彼女自身もツアー中はホテルに籠もり、一緒にコンサートをやってもどこかに他を寄せ付けないバリアがありました。それが、あのツアーの時、わずか一カ所、どこの会場だったかは記憶にないのですが、すべてがメチャクチャ上手くいった現場があったのです。公演が終わって、ステージから下がった後、喜んだ彼女がいきなり抱き着いてきました。それがとても印象的でした」

御巣鷹山

藤野にとって「BITTER&SWEET」ツアーは、別の意味でも決して忘れることができないツアーだった。

その日は、佐賀県の武雄市文化会館でコンサートが行なわれていた。六月に発売されたばかりのシングル「SAND BEIGE－砂漠へ－」が日本テレビの「ザ・トップテン」にランクインし、生中継も予定されていた。コンサートが中盤に差し掛かった頃、明菜のマネージャーが藤野の脇に小走りで近付き、「入り中継、飛ぶかもしれない」と伝えてきた。何があったのかは分からなかったが、中継とコンサートが終わり、佐賀から次の北九州、小倉へと移動するバスのなかで、研音の角津は、神妙な表情で藤野にこう声を掛けた。

「藤野さん、九さんが乗っていたらしい」

一九八五年八月十二日——。東京・羽田空港から大阪・伊丹空港に向け、午後六時十二分に飛び立った日本航空123便は、午後七時前に忽然とレーダーから消えた。日本国中が一瞬にして悲劇に包まれた日航機墜落事故。消息を絶った旅客機は群馬県上野村の御巣鷹山の尾根に墜落し、五百二十人の尊い命が奪われた。そのなかには、友人である元マネージャーの選挙応援に駆け付けるため、飛行機に乗り合わせていた坂本九の名前も含まれていた。

当時は携帯電話もない時代である。バスのなかでその一報を聞かされても、藤野にはなす術もなかった。誰と何を話したのか。それすら記憶にはない。藤野は移動先のホテルに着くと、祈るような気持ちで東京の坂本の所属事務所、マナセプロに電話を入れた。時間はすでに深夜零時を回っていた。情報が間違いであったなら、こんな時間に電話を取ることはないだろう。

「出ないでくれ」

そう思いながらコール音を聞いていたが、電話は無情にも繋がり、受け入れ難い現実を突きつけられることになった。藤野が語る。

「あの年、僕はツアーが始まった七月に、九さんの自宅にビールをワンケース贈ったんです。『ようやく何とか食えるようになりました』という感謝の意味を込めた贈り物でした。普通なら九さんも『お前、そういうのはいいからさ』とさらりと電話で返してくれるんでしょうけど、なぜかあの時に限って、葉書をくれたんです。消印は八月五日でした。『どうか気を遣わないように』と書いてあり、毎年恒例の九月九日のコンサートの打ち合わせもあるので、『近々一杯やろう』と綴られていました。それが最後になってしまいました。今でもその葉書は大事にとっています」

藤野が仕事で最後に坂本と同じステージに立った時、坂本は彼のことを初めて「僕の音楽監督です」と紹介したという。それはもちろん嬉しかったが、一方では心苦しくもあった。藤野は明菜の仕事を始めてから、仕事が次々と舞い込み、今までのように坂本の仕事を手伝えなくなってもいた。坂本は「いいよ、いいよ」と笑顔で応え、「明菜を大事にしてやれよ」と気遣いをみせたが、のちに藤野はその言葉に何度も救われることになった。

坂本は「スター誕生！」の司会者として、明菜が「スタ誕」に挑んでは落とされ、三度目の挑戦でようやくチャンスを掴んだことを誰よりも知る一人だった。享年四十三で逝った坂本にとって、スターへの階段を一気に駆け上がっていった明菜の背中は眩しくもあり、時に危なっかしく映ったのだろう。そこには保護者のような温かい眼差しがあった。

「わたし、出てる？」

「BITTER&SWEET」ツアーは、明菜を支えてきたスタッフにとって印象深いツアーとなったが、この時期は彼女が新しい制作陣との関係を模索し始めた頃でもあった。

その第一歩が、ツアー前に発売された「SAND BEIGE－砂漠へ－」である。

作曲を担当した都志見隆《つしみたかし》は広島県出身で、研音にスカウトされ、十八歳で上京。シンガーソングライターとしてデビューした後、ニューヨーク留学を経て、作曲家としての活動を始めた。都志見が語る。

「デビューしてなかなか成果が出せていない頃、研音の野崎会長から赤坂の蕎麦屋に誘われて、そこで、『ニューヨークに勉強に行って来たらどうだ』と言って貰ったんです。僕も昔からニューヨークに憧れがあって、音楽理論も含めて総合的に学ぶために、思い切って会社に切り出そうかと迷っていたところだったので、この申し出を受けました。野崎会長は僕の可能性を誰よりも信じてくれていた一人でした。結局、二十歳で向こうに行き、四年間過ごしました。ネットもない時代ですから、現地に行かなければ得られない情報や音楽があり、その経験は貴重でした」

帰国した都志見はすぐに、当時赤坂の雑居ビルの三階にあった研音に挨拶に出向いた。今後は作曲を中心にした活動をしていく意向を伝えるつもりだった。

話の合間に、都志見が事務所に置いてあった週刊誌を手に取って、物珍し気に見入っていると、後ろからぴょんぴょんと飛び跳ね、近寄ってくる女の子がいた。

「わたし、出てる?」

後ろから週刊誌を覗き込んでくる女の子を一瞥した都志見は、「誰なの？　この子」と心のなかで呟き、呆気にとられていた。すると、彼女は挨拶をするでもなく、そのまま居なくなってしまった。

あとから知ったが、それはデビューを間近に控えた明菜だった。

都志見は、引き続き作曲家として研音に籍を置くことになり、手始めに所属する浅野ゆう子のために曲を書いた。八〇年代後半には〝トレンディドラマの女王〟としてバブル期を代表する女優となった浅野だが、当初は歌手活動がメインだった。他にも都志見は、研音が鳴り物入りで八二年に売り出した異色のアイドルグループ「スターボー」にも、依頼を受けて楽曲を提供したが、明菜とはまったく接点がなかった。

その後、次々とヒットを飛ばした明菜の活躍は当然知っていたが、同じ事務所だからといって、売れてきたことに便乗するようなやり方は望むところではなかった。

ある時、都志見は、知り合いの作詞家、許瑛子《きょえいこ》に「頼まれた仕事じゃないんだけど、詞をつけてくれない？」と話を持ち掛けた。当時、許はまだ駆け出しの作詞家だったが、都志見は二人で一緒に作った作品を明菜に持ち込んでみようと思い立ったのだ。

都志見が語る。

「最初に僕の方で曲を作って、それを許さんに聴いて貰いました。当時は音源のやり取りも、自宅の固定電話の留守電機能を使った方法くらいしかなくて、電話口で曲を録音したテープを流して、許さんの留守電に吹き込みました。その音を聴いて詞を書いて貰ったのです」

数日後に詞が完成したという報告があったが、当時はファックスもなく、書面でやり取りすることも叶わなかった。都志見が続ける。

「今でも覚えていますが、詞が完成したと連絡があったのは夜中でした。電話口で読み上げて貰い、それを書き取って、すぐに歌入れをしてデモテープを作りました。ただ、完成したデモテープをワーナーに持って行こうにも、事前情報がないから、明菜の担当者の名前も知らない。当時はまだ鷹揚な時代だったので、部外者であってもレコード会社への出入りは自由でしたから、会社に行って『明菜さんの担当者はどなたですか？』と尋ねて、不在だった担当者の机の上に、封筒に入れた手紙とテープを置いて出て来ました」

しかし、その後はいくら待っても何の音沙汰もなかった。周囲には内緒で持ち込んでいたため、状況を問い合わせることもできず、焦れる日々が続いた。すると、研音の野崎会長が都志見に声を掛けてきた。

「お前、明菜に曲を書いたんだってな。お前の曲も候補に残っているみたいだぞ」

その時、最終候補に残っていたのは、都志見の楽曲と高橋真梨子の「桃色吐息」を作曲した佐藤隆の曲だった。都志見にとっては最終候補に残っただけでも十分嬉しかったが、結果的に「SAND BEIGE－砂漠へ－」がA面を勝ち取り、佐藤が作曲し、松本一起が作詞した「椿姫ジュリアーナ」はB面に回った。

〈サハラの夕日を　あなたに見せたい〉

「SAND BEIGE－砂漠へ－」は、都志見の書いたエスニックな曲調から砂漠をイメージした許が、英語の「SAND」とフランス語の「BEIGE」を組み合わせてつけたタイトルである。曲の冒頭は〈サハラの夕日を　あなたに見せたい〉という印象的なフレーズから始まる。許は自身のブログで、詞を書くにあたり、先輩の作詞家である康珍化の「最初の一行で、この歌は何の歌かわかる歌詞」という助言と、都志見の「詞の最初は

「SAND BEIGE－砂漠へ－」、作詞:許瑛子／作曲:都志見隆

情景だよ」という言葉を思い浮かべたと綴っている。歌詞はそこから〈さよならを私から決めた別離の旅なのに〉と続く。最初の二行で見事に情景を描き出し、聴く者をこれから始まる物語へと誘うプロローグに仕上げている。都志見が語る。

「曲から異国の風景を感じ取ったんだと思う。中近東を想起させる旅行のパンフレットか何かを見ながらイメージを膨らませたと聞きました。歌詞にあるアラビア語の〈アナ　アーウィズ　アローホ〉（「私は〜に行きたい」の意）という言葉も『上手くハマったから』と言っていました。よく久保田早紀さんの『異邦人』と曲が似ていると指摘されたけれども、意識はしていない。たぶん、時代的にああいうエスニック調の作品が求められる素地があったんでしょう。この曲は明菜のディレクターが藤倉さんに替わって初めての曲でした」

都志見は、レコーディングには呼ばれなかったが、明菜の歌入れが終わったサンプル版を聴き、イメージした以上の仕上がりに手応えを感じたという。

この曲が日本テレビの「ザ・トップテン」の年間ランキングの七位に入った時、都志見はゲストとして番組に出演している。彼はこの時初めて楽屋で明菜と挨拶を交わした。唄い終わった明菜は「ああ、苦しい」と言いながら楽屋に戻って来た。「SAND BEIGE」はサビの部分が延々と息継ぎなしで続くため、一息で唄い切らなければならない。素直な感想を漏らした明菜の姿だけが、都志見には強く印象に残っている。

その後、彼が明菜に会ったのは約二十年後のことである。レコーディングスタジオで、偶然居合わせた知り合いのスタッフから「SAND BEIGEを書いた都志見さんです」と紹介して貰った時の一度だけだ。その時のロングコートを着た佇まいは、長年にわたって強烈な光を浴び、そして批判を跳ね返してきた彼女の人生を投影しているかのように凛として見えたという。

多数の曲から選ぶコンペ方式

八五年の夏以降も、明菜とワーナーの新しい制作陣とのタッグは順調で、八五年十月には「BITTER&SWEET」ツアーですでに披露していた湯川れい子作詞、タケカワユキヒデ作曲の「SOLITUDE」が発売された。ある時期から明菜のシングル曲は、複数の作詞家、作曲家に制作を依頼し、集まった数十曲、時には数百曲に及ぶ楽曲の中から候補曲を選ぶコンペ形式で行なわれていた。

芸能ジャーナリストの渡邉裕二の著書『中森明菜の真実』（ＭｄＮ新書）で、ディレクターの藤倉はその様子をこう語っている。

「根本的に島田さんとは制作方法が違っていたと思います。僕の場合は曲先行でしたので毎回、候補曲として四曲を明菜に渡していました。で、明菜は候補曲を耳にすると、その場で衣装のデザインから振り付けまで、すべてを考える。ステージで歌っている自分の姿を、曲を聴きながらイメージするのです」

楽曲制作のうえで重要な役割を担う編曲家も、デビュー曲の「スローモーション」では船山基紀《ふなやまもとき》、「少女Ａ」以降は萩田光雄という八〇年代の歌謡界黄金期を支えたビッグネームから、次第に多彩な編曲家の手に委ねられるようになっていく。編曲家はメロディー以外、イントロも含めたすべての音を作り、楽器の構成を考え、譜面を書く。裏方の存在だが、ヒット曲の裏には必ず優秀な編曲家がいる。高い作曲能力が求められ、時にはオーケストレーターとしても力を発揮する彼らの手腕は、作品の出来に直結するため、〝音楽の料理人〟と称される。

〈Ｇｅｔ　ｕｐ、Ｇｅｔ　ｕｐ〉

八六年二月に発売された「ＤＥＳＩＲＥ－情熱－」は、鈴木キサブローに作曲を依頼し、作詞には阿木燿子、編曲には椎名和夫を起用している。阿木は夫の宇崎竜童とのコンビで、山口百恵の代表曲を次々と世に送り出したヒットメーカーであり、椎名は日本ロック界のパイオニア「ムーンライダーズ」や山下達郎バンドでギターリストとして活躍していた編曲家である。その狙いは見事にハマり、明菜はこの曲で二年連続レコード大賞受賞という偉業を成し遂げた。

「ＤＥＳＩＲＥ－情熱－」は当初、都志見の作曲した「ＬＡ　ＢＯＨＥＭＥ」とＡ面を争っていたことはよく知られている。都志見が振り返る。

「藤倉さんとはその後、一緒にゴルフに行ったりして個人的にも仲が良かったのですが、彼から『ＬＡ　ＢＯＨＥＭＥ』の評価も高かったと聞きました。実際に『ＤＥＳＩＲＥ』が発売されてから有線放送でも『ＬＡ　ＢＯＨＥＭＥ』がかなりの頻度で掛かるようになっていました。もともと発注を受けた訳ではなく、『何かいい曲があったら』と声を掛け

「DESIRE－情熱－」、作詞:阿木燿子／作曲:鈴木キサブロー

て貰ったので、ストレートなロックで、僕としては当時流行っていたアン・ルイスさんへのオマージュというか、そういう曲が明菜に合うと思って書きました」

作詞家の湯川れい子による世界観、都会の刹那を彷徨《さまよ》うジプシーたちの情熱的な魂の交錯が、ギターのうねりと共鳴して心地よい疾走感に繋がっていく名曲である。

都志見は「DESIRE－情熱－」を作曲した鈴木キサブローとも気心が知れた仲だったが、彼もまた明菜のレコーディングには呼ばれなかったという。その後、都志見は一度だけ藤倉を交えて鈴木と三人で、渋谷で酒を飲みながら話す機会があった、と語る。

「キサブローさんが最初に書き上げた『DESIRE』には、冒頭の〈Get up、Get up〉と続くフレーズはなかったそうです。藤倉さんとしては、確かにいい曲だけど、何か一つ足りないと思って、キサブローさんと試行錯誤を繰り返すなかで、あのフレーズを入れることになった。あれがなかったら『LA BOHEME』がA面になっていたかもしれないと、笑いながら語り合ったことを覚えています」

ズレ始めていた何か

「花の八二年組」の後発としてスタートを切った明菜は、わずか四年の間に目まぐるしく変化する環境のなかで、アイドル路線とは一線を画して独自の道を歩み始めていた。

ツアーも相変わらず盛況だったが、少しずつ何かがズレ始めていた。「BITTER&SWEET」ツアーでは、日本を代表する振付師の家城比呂志《いえきひろし》にステージでの振り付けを依頼した。家城が、二十世紀最高のダンススター、フレッド・アステアのようなブロードウェイの王道だとすれば、当時の明菜はジャズダンスの括りから、さらに後年のヒップホップに近いダンスを求めていた。明菜がセルフプロデュース色を強めていけばいくほど、そこには研音も含めたスタッフ側との間で意識のズレや人選のギャップが生じ、それが彼女の苛立ちに繋がっていった。明菜がスタジオでのリハーサル中に、「だから、そうじゃなくて」と言い残して出て行くこともあった。

八六年は「DESIRE－情熱－」の発売後の四月から全国ツアーがスタートした。その合間の五月に「ジプシー・クイーン」、夏のツアーを挟んで九月には「Fin」、そして十一月に「ノンフィクション エクスタシー」と立て続けにシングルが発売されている。多数のテレビ出演もあり、多忙を極める日々だった。

ツアーで北海道を訪れた時、スタッフやバンドメンバーが現地に着き、楽器をセッティングしてサウンドチェックまで済ませた後、明菜が姿を見せなかったこともある。その理由は「お腹が痛いから今日は行かない」とのことだった。ファンタスティックスの藤野は「そのお陰で、地元の商工会議所の人と仲良くなって、北海道の美味しい店に連れて行って貰い、振替公演で、またその人たちとも会えた」と笑って振り返ったが、人知れず苦悩もあった。

「あれ？　そこどうしたの？」

本人はまったく自覚がなかったが、知り合いに指摘されて初めて後頭部に円形脱毛症による十円玉大のハゲができていることに気付いた。

受診した皮膚科で事情を説明すると「その仕事を辞めないと治らないですよ」と医師に諭されたが、辞める訳にはいかない。自分が集めたバンドメンバーのためだけではなく、何よりもトランペットで挫折した音楽の道で、バンドは彼にとって掛け替えのない夢でもあった。結局、治るまでに二年の時間を要したが、「ＤＥＳＩＲＥ－情熱－」のヒットはその苦悩に報いるだけの喜びも齎してくれた。藤野が語る。

「レコード大賞を受賞した大晦日は、私にとっても忘れられない一日です（章扉参照）。テレビ東京の音楽番組のカメラリハーサルに行って、本番が始まるまでの間にＴＢＳでレコード大賞の音合わせをして、またテレ東に戻る。そこからＮＨＫで紅白歌合戦の音合わせ、カメリハ。そしてレコ大の本番が終わると武道館からマイクロバスに乗せられて、周りの信号がすべて赤に変わるなか、一路、紅白の会場に向かう。自分たちは伴奏バンドなのに、売れっ子になったような気分でしたが、それよりも嬉しかったのは、ＮＨＫの一階の食堂で、バンドのみんなにそれぞれ三桁を超えるギャラを渡せたことです。当時は研音からギャラを貰う立場でしたが、私が集めたメンバーなので研音からの振り込みにかかわらず、月末にはきちんとその月のギャラを彼らに払うことをポリシーにしていました。それだけのものを渡せたことが、何よりの幸せであり、私にとっての誇りでもありました」

バンドに支払われるギャラ単価は決して高くはない。八六年はそれだけ凄まじい仕事量だったことの証左でもある。

しかし、それからしばらくしてファンタスティックスは、研音側からあっさりとクビを言い渡された。

第六章

愛の難破船

「夜のヒットスタジオ」（フジテレビ系、1988年1月6日放送）で、近藤真彦と加藤登紀子ら出演者が控えるなか、「難破船」を熱唱した

歌詞テロップなし

一九八五年九月の「プラザ合意」によるドル高是正政策によって、日本がバブル経済に突入し、空前の好景気に沸くなか、音楽シーンは大きな曲がり角を迎えていた。

フジテレビのバラエティ番組から誕生した「おニャン子クラブ」が秋元康のプロデュースで人気を呼び、ブームがピークとなった八六年にはソロ名義やユニットで次々とヒット曲を量産していく。その結果、ヒット曲の短命化が進んだ。何週間もチャートにランクインし、広く浸透していくヒット曲が次第に姿を消していくと、ランキング番組にも異変が生じ、明菜を育てた「ザ・ベストテン」ですら視聴率で苦戦を強いられた。

そのなかで、後発の音楽番組として八六年にスタートしたのがテレビ朝日の「ミュージックステーション」だった。元プロデューサーの三倉文宏が振り返る。

「テレビ朝日にはそれ以前も音楽番組はありましたが、ゴールデンタイムでもなかなかスポンサーがつかず苦戦していました。当時はそれまでの演歌や歌謡曲とは違う、ニューミュージックやロックの台頭もあり、ロック系のライブの生の臨場感を再現するという狙いで、何とか新たに音楽番組を立ち上げようという話になった。そこで改編期に音楽班のトップだった皇《すめらぎ》（達也）さんのもとで、悲願だった『ミュージックステーション』を始めることになったのです」

ライブ感覚を重要視し、当初は画面に歌詞のテロップを入れなかったため、局の上層部やスポンサー筋からも不評で、視聴率も低空飛行を続けた。それでも辛抱強く続けたことで、次第に認知されていくようになった。三倉が当時の明菜の印象を語る。

「私は同時期に始まった『歌謡びんびんハウス』をメインで担当していて、明菜さんにはそちらにも定期的に出演して貰いました。そこで新曲を披露して貰って、発売後に生放送の『ミュージックステーション』に出演するというローテーションを作ってくれました。『歌謡びんびんハウス』は笑福亭鶴瓶さんが司会で、アイドルがクイズやゲームをやる遊びの部分が売りの一つでもありましたが、他のアイドルがあまり真剣にやっていなくても、彼女だけは本気を出して、必ず一等賞をとって何か商品を持って帰っていました。電子ピアノとか自転車とか、家には獲得商品がゴロゴロあると笑っていましたが、番組に目一杯尽くしてくれました」

一味唐辛子

三倉は、「ミュージックステーション」に軸足を移すようになってからは、ワーナーの宣伝部門を仕切っていた寺林晁を窓口としてブッキングを依頼し、明菜とも関係を深めていった。

「うちのメンバーとお鍋を食べたいんだけど、連れて行って貰えないですか」

明菜からそう頼まれて会食をセッティングしたこともある。彼女は周りにいた衣装やヘアメイクのスタッフには常に気を遣い、配慮を欠かさなかった。

「会食の席では、明菜さんが、『これ食べなきゃダメよ』と具材を彼女たちに取り分けてあげていました。それなのに自分は、ポン酢のタレに一味唐辛子を一本丸ごと掛けている。驚いて理由を聞いたら『太らないように』と言っていました。それも儚《はかな》げな自分を演出するための手段だったのかもしれません」

のちに明菜本人が元マネージャーに語ったところによれば、アイドルとして多忙だった頃、食事は移動中にしか摂れず、お握りのようなものばかりを口にしていたら、体重がみるみる増え、テレビ出演時に踊りのターンで転倒したことがあったという。股関節を痛めたことから痩せるために辛い物を摂るようになり、そのうちに辛い物がクセになってタバスコや一味唐辛子を持ち歩くようになった。

三倉は明菜についてもう一つ印象に残っていることがあるという。

「彼女はある時期から、歌唱する時の声が聞き取れないほど小さくなり、リハーサルでミキシングがしにくくなるほどでしたが、本人は『本番ではもうちょっと声を出すから大丈夫』と言っていました。理由を聞いたら、『だって、小さい声だと観ている人が一生懸命聴いてくれるじゃないですか』と言う。衣装選びも含めて、すべては自己演出なのかと、逆に感心しました」

カネを巡って家族に疑心暗鬼

この頃には、明菜と彼女の拠りどころだった家族との関係にも微妙なすきま風が吹き始めていた。

未成年だった彼女は、デビュー当初はカネの管理をすべて家族に委ねていた。自著『本

気だよ　菜の詩－17歳』でもこう述べている。

〈私のお給料はみんな清瀬（実家）のほうへ送ってもらってます。私って子供のころからあまり物をほしがらない子だったし、お金って、服を買ったり日常生活で最低限必要なものを買うくらいで、ほとんど使わないんです。だから清瀬のほうで貯めてくれてるみたいね。でも、おいといてもしようがないから、家族が使えばそれでいいと思っている〉

研音の野崎会長や社長の花見は何度も明菜の実家に通い、家族との関係構築に努めた。八二年に明菜の母が清瀬駅前にレストラン＆パブをオープンした際には、開業資金の援助も買って出た。「（歌手志望だった）母親のために歌手になった」と公言して憚らなかった明菜にとって、母親の喜ぶ姿は、何よりも励みになっていたに違いない。

「私がもっと稼いで、研音のビルを建てる」

明菜の父、明男も研音の花見から明菜がそんな言葉を口にしていたと聞き、両者の良好な関係を信じて疑わなかった。八四年には研音のアドバイスで、母、千恵子を社長に節税のための会社も設立し、ギャラの受け取りについても一定の合意のもとで管理が行なわれていたはずだった。

しかし、強い絆で結ばれていたはずの家族は、その後、明菜が稼ぐ莫大なカネを巡る疑心暗鬼で分裂していくことになる。

明菜は八七年、清瀬の実家から近い東武東上線沿線の駅近くに賃貸マンションと店舗が入る三階建てのビルを建設した。「大明華ビル」と名付けられたそのビルは、明男が先祖から相続した土地に、彼女が約一億円を銀行から借り入れて建てたものだ。そこには父親が精肉店から転じてオープンした中華料理店や姉や兄が経営する店も入っていたが、父親の店以外は早々に閉店に追い込まれた。家族のために良かれと思ってやったことだが、次第に彼女のなかでは家族への違和感が膨らみ始めていく。

さらに最愛の母には癌が見つかり、母親は三度の手術を経た後も体調が戻らず、深刻な影を落としてもいた。せっかくオープンした店も八六年三月から休業状態で、再開の目処が立たないために、ついには権利を手放さざるを得ない状況に陥った。

研音と家族への不信感

当時の明菜は、十七歳の〝何も欲しがらない〟彼女とは、まるで正反対の人生を歩んでいた。八〇年代半ばからセルフプロデュースの道を選んで衣装やメイクにも凝り始めると、ブティックに行けばカネに糸目をつけず、色違いの商品を纏め買いし、棚の端から端までを指差して、「全部下さい」と棚ごと商品を買い上げることも珍しくなかった。大量の衣装を保管する倉庫代やクリーニング代は嵩んだが、明菜はその尻拭いに追われていた研音の献身には無関心だった。

やがて明菜は、研音が自分をコントロールするために家族にこっそりカネを渡し、懐柔しようとしていると思い込み、研音と家族への不信感を募らせるようになっていく。

明菜を取り巻く環境には暗雲が垂れ込めていたが、本業の歌手活動は至って順調だった。八六年は四枚のシングルに加え、セルフプロデュースによるコンセプトアルバム「不思議」、そして竹内まりやらが楽曲提供した「CRIMSON」という二枚の実験的と評されるアルバムも発売している。並行して翌年のニューシングルに向けた候補曲の絞り込みも進められていた。

作曲家の都志見も明菜の担当ディレクター、藤倉から電話で発注を受けた。米国でヒットしたミュージカル「タンゴ・アルゼンチーノ」の日本公演が翌年六月に予定されており、

「日本でもタンゴが流行るんじゃないか。タンゴをやりたい」という趣旨だった。藤倉から は事前に「あと二人くらいに頼んでいるけどいいかな?」といった断りはあったが、楽曲の出来がよければ自ずと選ばれると達観する気持ちもあって、コンペのことはさほど気にも留めていなかったという。

そして完成した曲は、細かくて起伏の激しいメロディーながら、低音の響きをベースに下からせり上がって、サビに向かって爆発していく絶妙な構成で、明菜特有のビブラートが生きる作品に仕上がった。八七年二月に発売された「TANGO NOIR」は作詞家の冬杜花代子《ふゆもりかよこ》が書いた煽情的な詞に加え、背中をのけぞらせるダンス、煌《きら》びやかな衣装も含めたすべてが一つの完成された世界を表現し、高い評価を受けた。

洋楽志向の藤倉は引き出しも多く、本好きの博学で、明菜の新たな側面を引き出すアイデアも豊富だった。しかし、ヒット曲を生むことを宿命付けられた制作陣は、その重圧と忙しさで、自分を見失うほどに追い詰められる極限の作業を求められてもいた。

明菜の一声ですべてが決まる

それからしばらくして、明菜の専属バンド、ファンタスティックスの藤野のもとに、ワーナーの藤倉から連絡が入った。当初、明菜の場合はレコーディングクルーとコンサートクルーはまったく別の扱いで、接点を持つこともなかったが、明菜本人とレコーディングクルーとがぶつかり、上手くいかなくなった時には、レコーディングに関わっていたインペグ屋（ミュージシャンを斡旋・周旋するコーディネーター）の推薦もあり、藤野にサポート要請の声が掛かることがあった。この頃には、ファンタスティックスも他のミュージシャン同様にクリック音に合わせて演奏するようになり、藤野がライブ用の同期演奏の音源を抜き出す作業でワーナーを訪れる機会も増えていた。

「ちょっとカラオケみたいな仕事なのですが、やって貰えませんか」

藤野は快諾し、藤倉から仕事の説明を受けた。実は明菜の次のアルバム発売に向け、海外の作家陣による楽曲のデモテープを数多く取り寄せて、全曲英語詞による作品で一枚のアルバムを約三千万円かけて作った。だが、出来上がった音を聴いた明菜が「いや、違う」と異論を唱え、納得しなかったという。

「そのため本人の要望通り、オリジナルのデモテープと同じように作り直さなければならないという話でした。キーも含めてオリジナルと合わせるということだったので、彼女はいつものキーよりもかなり高いところも無理をして唄う形になったと思う」

八七年八月に発売されたアルバム「Ｃｒｏｓｓ　Ｍｙ　Ｐａｌｍ」は、明菜にとって一つの挑戦ではあったが、制作現場が混乱を極めていた様子は想像に難くない。彼女の一声によってすべてが決まる。その傾向はさらに顕著になっていった。

前章で触れたが、ファンタスティックスがクビを宣告された経緯を藤野が語る。

「はっきりした時期までは覚えていませんが、その頃に、私たちファンタスティックスは、研音側から『これで終わりです』とクビを通告されました。『なんか恰好よくないよね』みたいな、ぼんやりとした理由だったと思う。正直私も、これで円形脱毛症もなくなるだろうし、お金を貯めてニューヨークにでも行こうかなと考えていました」

その一件があって間もなく、藤野が自宅のアパートにある小規模な録音設備で作業をしていると「夜のヒットスタジオ」のアシスタントディレクターから電話が入った。

「藤野さん、中森さんが大変なんですけど」

「俺、もう辞めてるから」

「いやとにかく、すぐにフジテレビの6スタまで来て貰えませんか？」

藤野が、当時まだ河田町にあったフジテレビまで駆け付けると、そこにはカメラリハーサル中の明菜がいた。後ろに控えてカメラの隙間から覗くと、新しいバンドが彼女のバックで演奏しているのが見えた。

「あっ、いいじゃん」

藤野はまるで人ごとのようにしばらくその様子を眺めていた。

曲が終わると、藤野の姿を見つけた明菜が駆け出して来て、そのまま藤野に飛びついてきた。

「藤野さん、ごめん。もう一回あのメンバー集めてくれない？」

この時のバックバンドは、研音側がオーディションによって集めたメンバーで、その日が初の本番だった。藤野はこの時、初めて明菜に苦言を呈した。それは彼の、明菜のバックバンドを務めた足掛け七年の間で、唯一の説教でもあった。

「オーディションって言うと恰好よく聞こえるけど、オーディションで集まるのはスケジュールが空いている人だけなんだよ」

尽くしてきた人が去っていく

藤野は、研音の明菜担当だった茅根浩康に、ファンタスティックスが復帰するにあたって、「今ここにいる新しいバンドメンバーを、今日クビにして下さい」と迫った。そしてギャラを今までの二倍にすること、さらに明菜がテレビ出演する際は、今後すべてファンタスティックスを連れて行くことを条件として提示した。気分によって振り回される弱い立場のバンドメンバーの食い扶持《ぶち》を確保するには譲れない防御ラインだった。研音側はこの条件を飲み、ファンタスティックスは再び明菜の専属バックバンドに戻った。クビになった期間は、この時の「夜のヒットスタジオ」の一本のみだった。藤野が振り返る。

「ただ、私も研音側のスタッフが、どれほど献身的に彼女に尽くしてきたかを実際に見てきました。最後はみんな、中森のために泣ける人たちだった。角津さんは『お前、違うよ』と泣いて彼女を説得していたし、六年間、彼女のマネージャーを務めた名幸（房則）

さんは、彼女と衝突して『もうダメだ』と思った日に、すべてを飲み込んで、神宮球場に行って、一人でビールを飲みながら、野球を観たそうです。試合の内容なんて何も覚えていないと思いますが、それが最後の日だったと聞きました。これまで小さな揉め事はたくさんあったはずですが、それでも上手に正面からぶつからないようにして最後の砦であろうとしたけれども、どこかで名幸さん自身が面と向かって厳しいことを言わざるを得ない場面があったのでしょう」

一人、そしてまた一人、明菜の周りから彼女を支えてきた人たちが離れていこうとしていた。明菜が周囲との軋轢を恐れず、ただひたすらに理想を追い求める姿勢は、自己演出の枠を超え、いつしか孤高の偶像として独り歩きを始めていく。

〈たかが恋なんて、忘れればいい〉

歌番組の待ち時間に、誰もいないスタジオのホリゾントにポツンと佇む明菜。その姿を何度か目撃しているうちに親近感を覚えたシンガーソングライターの加藤登紀子は、「もし、あなたがこれを唄うなら、私はしばらく唄わないから。よかったらカバーして下さい」という言葉を添えて、一本のテープを明菜に渡した。そこには加藤が作詞作曲し、ステージで唄っていた、八四年十二月に発売したアルバム収録曲「難破船」が吹き込んであった。

〈たかが恋なんて〉という印象的な唄い出しから始まるこの曲は、メロディー先行でできた作品で、加藤は譜面ノートに思い付くままにメロディーだけを書き留めていた。ただ、どうしても歌詞が浮かばず、仕上げられずにいた。

ある時に、曲の冒頭に譜面にはなかった三音、「たかが」というアウフタクト（前の小節の終わりからフレーズが始まること）をつけるアイデアが浮かぶと、それまでただの音符でしかなかったものが生き返ったような感覚を覚え、言葉が湧き出し、あっという間に詞が完成したという。

加藤が経緯を語る。

「難破船は、私の二十歳の恋の終わり、二十三歳の頃を唄った曲です。初めての恋人で、絶対に別れないと心に誓っていたのに、別れを決めて、失恋の免疫もない自分がズタズタになっていくイメージ。作ったのは四十歳を過ぎ、色っぽい女の気持ちから遠ざかる自分

「難破船」、作詞作曲:加藤登紀子

を切なく感じていた頃でした。失恋でのたうち回る過去の自分を俯瞰《ふかん》し、『あの頃はそんなこともあったわね』とどこかで思っている私が、恋の歌を唄うことにもどかしさを感じていたのです。

その頃に偶然、明菜さんがテレビで二十二歳の誕生日を祝って貰う場面を観ました。彼女は『誕生日って、どうしてみんなそんなに嬉しそうなんですか。私は嬉しくない』とでも言いた気な感じでした。その不貞腐れた表情に、失恋のイメージが重なって見えて、これは四十代の今の私ではなく、まさに恋愛の真っ只中にいる彼女にこそ唄って欲しいと思ったのです」

当時は、明菜と近藤真彦との交際について、破局の噂も報じられていた頃で、その渦中にいる彼女にこそ相応しい曲だと加藤は確信したという。

テープを渡して数日後、加藤が地方の町をコンサートで訪れると、そこに明菜から花が届いた。言葉は一切交わさなかったが、それは明菜が唄うことを決めたという返事だと理解した。

八七年九月に発売された明菜の「難破船」は、編曲を若草恵が担当した。〝弦の魔術師〟の異名をとる若草は、研ナオコの名曲「かもめはかもめ」の編曲でも知られるが、「難破船」でもストリングスアレンジが冴え、ドラマチックな作品に昇華させた。

加藤登紀子の前で唄う

八八年一月六日に生放送された「夜のヒットスタジオ」では、出演者の一人だった加藤登紀子が、司会の芳村真理と古舘伊知郎に「〈たかが恋なんて〉って、この書き出しの言葉と、明菜さんはすごく合うなって思ったんですよね」と曲を提供した理由を語った。

淡藤色の着物を纏い、襟を抜いてほつれ気味に髪を結い上げた明菜は、その言葉を聞いてから、情感たっぷりに「難破船」を唄った（章扉参照）。

〈あなたを海に沈めたい〉

最終コーラス前の間奏が流れると、カメラは加藤と、その横に座っていた近藤真彦を映す。気付いた近藤が横のモニターから目を離して正面を向き、無表情で手を叩いた。

唄い始めた明菜にカメラが戻ると、その頬には一筋の涙が――。

歌の迫力は、周囲の状況を凌駕《りょうが》し、寒々しいほどの神々しさを放っていた。

「悲しい酒」の涙

加藤もその表現力には「痺れた」と感想を漏らす。

「実は、前年の末に彼女と音楽賞の席で、私は作詞家として招かれ、彼女と一緒になったことがありました。明菜さんは歌の世界観を表した素晴らしい衣装で、『難破船』を唄い切り、客席に戻って、私の隣のシートに腰を下ろしました。そして、次にもう一曲、明るい曲調の作品を披露したのですが、それを唄い終わって戻って来た時の明菜さんは、もう『難破船』の彼女ではなかった。まるで別人に豹変し、カラッとした表情でした。彼女は『難破船』の世界にいる間は、佇んでいる時も、インタビューの時も、その主人公を演じ切っているのです。歌の最後に涙を見せるのも、言わば演出であって、美空ひばりさんが『悲しい酒』を唄った時と同じだと思いました」

昭和歌謡史に残る名曲「悲しい酒」は、美空ひばりに数多くの作品を提供した石本美由紀が作詞し、昭和を代表する作曲家、古賀政男による哀愁漂う旋律で、六六年に発売された。百四十五万枚を売り上げる驚異的なヒットを記録したが、実はもともと彼女のために作られた曲ではない。

六〇年に北見沢淳という若手歌手に提供されたものの、ヒットには繋がらず、北見沢は失意のままに若くして病死する。ひばりはシングル曲として発売した後に、一番と二番の間奏に〈酒よ、どうして、どうして、あの人をあきらめたらいいの〉と締める独り語りを加えてステージで披露した。それ以降は、不遇の歌手の無念と、自身の哀しみを背負った半生を噛み締めるように、涙を流して唄った。加藤には、そのひばりの姿と明菜が、重なって見えたのだ。

「今は男とか、女とか、明確に区別する時代じゃないかもしれないけど、私は男と女とでは、曲の残り方が違うと思う。例えば、石原裕次郎さんのように力強く上り詰めて旗を掲げる人は、その下には彼を慕うたくさんの人がいて、一つの勢力になる。そうやって男は塔を築き上げますが、女は孤立によって際立ち、周りに仲間を作ることなくそそり立つ。巨大な木として育って、根は張っていても孤高にして寂しい。歌姫として上に行くほどに孤独になるけれども、塔ではないから崩れないし、決して消えない。だから私はひばりさんや中島みゆきさんが好きなのです。その系譜に連なるのが明菜さんだと思う」

新しい試みに挑戦し、変化を求め続けた八〇年代後半の明菜は、絶大な支持を受ければ受けるほど孤独を深めていたのかもしれない。

八八年は、三月にこれまでのシングル曲の選考から漏れた楽曲を集め、ハードロック色の濃い疾走感あるアルバム「Ｓｔｏｃｋ」を発表した。夏には海外のミュージシャンやアレンジャーを起用したニューアルバム「Ｆｅｍｍｅ　Ｆａｔａｌｅ」のリリースに合わせてツアーを敢行し、昭和歌謡のヒット曲「リンゴの唄」や「東京ブギウギ」、「銀座カンカン娘」などのカバーも披露して多彩な魅力を見せつけた。昭和歌謡のメドレーは自らのルーツの一つであり、母親から教わった美空ひばりの世界観を再現したかのようでもあった。

松田聖子と近藤真彦の密会報道

キャリアを凝縮した濃密な一年が終わり、八九年一月、時代は激動の〝昭和〟から〝平成〟に変わった。

明菜とともに八〇年代のトップを駆け抜けた松田聖子は、八五年に映画で共演した俳優の神田正輝と結婚。翌年には一人娘の沙也加を出産した後に復帰を果たすなど、孤高のイメージを背負う明菜とは違う、強《したた》かな女性像を確立して飛躍の十年目を迎えていた。

聖子は、デビュー曲の「裸足の季節」が資生堂のＣＭのタイアップ曲となり、続く「青い珊瑚礁」もグリコのアイスクリームのＣＭ曲に選ばれた。聖子の十年の歩みを振り返ると、その多くの作品がメジャー調の曲で、彼女は〝陽〟のイメージで捉えられる。

一方の明菜はＣＭのタイアップとは無縁で、物憂げなマイナー調の曲が多く、〝陰〟のイメージが強い。その対照的な二人は、八九年二月に写真誌『ＦＲＩＤＡＹ』が明菜の恋人である近藤真彦と松田聖子のニューヨーク密会をスッパ抜いたことで、埋め難い確執があるとマスコミに取り沙汰されてきた。しかし、それも憶測の域を出ない。後年のインタビューでは、明菜はスキャンダル報道を浴び続けてきた聖子をこう評している。

「聖子さんって強い人だなァと思う。羨ましい。すごく頭のいい人なんでしょうね。だから自分を辛いほうに持ってゆくんじゃなくて、解消法をご存じなのかもしれない。いろいろ言われても、ご自分のいいほうに持ってゆけるという。私は言われたり書かれたりすると、そんなことしてない、そんなことないのにと、ただ思い詰めるほうだから、どんどん落ち込んじゃうんです」（『マルコポーロ』一九九五年一月号）

音楽番組で明菜に関わったスタッフの一人は、明菜の松田聖子に対する本音を垣間見た瞬間をこう振り返る。

「当時の人気歌手は、年末になるとコンサートや音楽番組の特番などの収録が相次ぎ、超過密なスケジュールも珍しくはなかった。そうすると、結構みんな喉がガラガラになって声が出にくくなる。もちろんそれでも生歌で唄うのですが、なかには、周囲が心配して『(歌を)被せて欲しい』と言ってくるケースもあって、『リハーサルは声を出さなくていいよ』と言うこともありました。

ある時、音楽番組の特番でのリハーサルで、聖子さんが唄っている姿をじっと見ていた明菜さんが『聖子さん、あれ口パクですよね』と言ってきたことがありました。それを確認したうえで、彼女は声がどんなにガラガラでも意地で唄うんです。それはストイックさと言うよりも、聖子さんへの対抗心であり、一番になりたいという強い気持ちの表れだと感じました」

明菜が聖子に抱く複雑な感情は、歌手としての尊敬の念とライバル心が入り混じったものであり、確執と言うには程遠い。スキャンダルさえ糧にしてしまう強《したた》かな聖子がいたからこそ、対を成す明菜の個性が際立ち、競い合うことで二人の名曲が次々と生まれていったのだ。

苦悩の始まり

だが、二人が輝く八〇年代も終わりを迎えようとしていた。

聖子は八九年六月をもって、デビュー時から所属したサンミュージックから独立し、個人事務所設立に向けて動き出した。一方の明菜はデビュー八周年を記念して、八九年四月二十九日と三十日に東京・よみうりランドEASTで「AKINA EAST LIVE」を開催した。八二年のデビュー曲「スローモーション」から最新作「LIAR」までのシングルA面曲など二十四曲を網羅し、〝伝説のコンサート〟と称された。

だが、その舞台裏は、序章で触れた通り、タイトロープの上で奇跡的に明菜一人が、歌声を響かせて華麗に舞っているかのような危うさを内包していた。

この企画ライブは当初、夏に大阪でも開催を予定していたが、ついぞ実現することはなかった。専属バンドのファンタスティックスは、「AKINA EAST LIVE」から約二カ月後、明菜が引き起こした〝事件〟によって自然消滅する形で、事実上の解散の時を迎えた。

この年は、六月二十四日に美空ひばりがこの世を去っている。昭和の終焉を告げる悲しみの鐘が日本中に鳴り響くなか、音楽番組にとっての幸福な時間もまた、終わりを迎えようとしていた。視聴率の低迷により、あとはどこの局が最初に撤退を決めるかという〝チキンレース〟の様相を呈すなか、ザ・ベストテンは七月六日の放送で、九月末をもって番組が終了することを発表した。その五日後――。

明菜は、近藤の自宅マンションの浴室で手首を切り、自殺を図った。彼女にとって唯一の救いだったはずの近藤の存在がクローズアップされ、マスコミの関心は二人の痴情の縺《もつ》れに集中した。

事態の収拾に乗り出したのはジャニーズ事務所のメリー喜多川だった。

明菜にとっての本当の苦悩が始まるのは、まさにこの時からだった。

第七章

疑心にさいなまれて

自殺未遂から多数の報道陣の前で復帰会見をする。近藤真彦も同席した（1989年12月31日、時事通信）

「この人が綺麗にしますから」

中森明菜が、六本木の近藤真彦の自宅マンションで自殺を図ったのは一九八九年七月十一日のことだった。

仕事を終えて自宅に戻った近藤が、浴室で血を流して倒れている明菜を発見し、一一九番通報。左ひじの内側をカミソリで真一文字に切った明菜は慈恵医大病院に運び込まれ、六時間に及ぶ緊急手術が施された。

二日後に明菜は二十四歳の誕生日を、そして近藤は八日後に二十五歳の誕生日を迎える目前だった。

騒ぎが広がるなか、近藤が所属するジャニーズ事務所のメリー喜多川は、ある男の行方を捜していた。

近藤の初期のヒット曲を手掛けたRVCレコードの元担当ディレクターで、メリーが最も信頼を寄せていた小杉理宇造《こすぎりゅうぞう》である。小杉はRVCから独立し、当時は明菜が所属するワーナー・パイオニア（当時）と同じグループ傘下にあるレーベル「アルファムーン」の代表と、山下達郎や竹内まりやが所属する「スマイルカンパニー」の社長を兼務していた。

メリーは事態の収束には小杉の力が必要だと考えていた。

小杉は滞在先の香港で、明菜の自殺未遂の一報を聞いた。妻からの電話でメリーが自分を探していることを知り、「すぐに帰って来て欲しい」という伝言を受け取った。

ここから事態はマスコミの目を避け、水面下で動き始めていく。

メリーは帰国した小杉を、明菜の所属事務所、研音の創業者である野崎会長とワーナーの山本徳源《やまもととくげん》社長との会合の場に呼んだ。

ジャニーズ事務所関係者が明かす。

「業界の大物二人を前にメリーさんは怒り心頭の様子で、『大の大人が二人もいて、だらしがないのよ』と、面罵したそうです。実は入院していた明菜さんに面会できたのは基本的には家族だけでした。明菜さんは六人兄弟姉妹の五番目、三女ですが、両親や兄弟だけでなく小学生の姪っ子などもお見舞いに来ていました。しかし、肝心の研音とワーナーは誰一人病室に入ることを許されず、お見舞いの花すら明菜さんが捨ててしまう状態でした。両社のトップも為す術がなく、弱り果てていたのです」

明菜は警察の調べに対し、自殺未遂の原因について、近藤には言及せず、研音への不満を口にしていたという。明菜の自殺の主要因が、近藤との恋愛問題にあることは誰の目にも明らかだったが、彼女は近藤に累が及ばないよう、最後の砦を必死に守ろうとした。明菜は近藤の言葉しか信用していなかった。そして、彼の名代として病院に駆け付けたメリーに全幅の信頼を寄せているようだった。

メリーは、その後の対応を小杉に任せ、研音の野崎会長とワーナーの山本社長に、「この人が綺麗にしますから」と告げた。

研音との不協和音

約一カ月の入院生活の後、明菜はマスコミの目を盗んで退院し、小杉の自宅に身を寄せた。小杉は自宅を明菜に自由に使わせて、心身ともに傷んだ彼女の回復を待ち、彼女と研音側とを引き合わせた。

自殺未遂から約二カ月の時が過ぎようとしていた。

その間、明菜を取り巻く環境はガラリと変わっていた。この面談は、明菜にとって事実上の研音との決別の儀式だった。事情を知る研音関係者が振り返る。

「自殺未遂当初は『明菜の帰るところは研音しかない』と言っていた野崎会長も、彼女が研音を悪し様に言っていると聞き、難色を示すようになった。他の所属タレントの手前、言いたい放題の明菜を諸手を挙げて迎え入れると、示しがつかなくなると思ったのです」

研音側は、明菜が特別待遇で入院していた慈恵医大の入院費の支払いも拒否した。一千万円超の入院費は宙に浮いたまま誰も支払おうとはせず、請求書は一年以上も放置され、のちに明菜のマネジメントを担うことになる後継会社へと引き継がれることになる。

一九八二年のデビュー以来、明菜は研音の稼ぎ頭として八面六臂《はちめんろっぴ》の活躍を見せたが、実はすでにデビュー二年目には両者の間には不協和音が生じていた。

ワーナーの元社員が明かす。

「その頃、ワーナーの常務だった坂本幸夫さんや、明菜のプロデュースを担当していた制作二課長の小田洋雄さんらが、独立して新しいレコード会社『ハミングバード』を設立する動きがありました。ワーナーの制作や宣伝、営業からも人材を引き抜き、新会社設立に向けて動き始めるなかで、移籍組の幹部が研音の野崎会長に挨拶に行くと、『辞めるなら、明菜を連れて行ってくれないか』と打診されています。彼女はデビュー前から物をはっきり言う子でしたが、『少女A』『セカンド・ラブ』のヒットでますます扱いが難しくなった。『このままではダメだ。環境を変えなければ』という危機感が研音の上層部にはあったのです」

明菜移籍の噂が広まり、彼女の当時の担当ディレクターだった島田雄三も辞表を提出して、移籍に傾いていた。しかし、明菜は家族とも相談のうえでワーナーに残り、島田も移籍を撤回し、ワーナーに戻ることになった。

当時はまだ研音も手探りの状態で、中森明菜というダイヤモンドの原石を磨き上げ、何とか支えていこうと懸命だった。スターを作るノウハウを持つ渡辺プロダクションのような大手ならば、強烈な自我を持った新人歌手はとっくに見放されていたかもしれない。

研音関係者が明かす。

「明菜が居なくなった後の研音は、音楽業界とは関わり方を変えて、役者のマネジメントにシフトしましたが、そこには野崎会長とレコード会社出身の当時の専務による『当面は音楽を封印する』という大筋の方針転換がありました。音楽番組が衰退し、CMやドラマの主題歌がヒットするタイアップ全盛期だったこともあり、テレビ局とのパイプを強力にすることによって、タイアップで売り出していく手法を徹底したのです。ドラマで役者を育てることで、大物ミュージシャンからもタイアップのオファーが舞い込み、研音は新たなビジネスモデルを築いた」

研音の方針転換には、少なからず中森明菜という強烈な個性と対峙した時の教訓も生かされているのだろう。

「マッチと結婚するのかと」

研音は当初から、明菜と近藤の交際については目くじらを立てることもなく、黙って見守っている状態で、ジャニーズ事務所もまた、当初は黙認していた。半ば事務所公認の仲で、明菜も、交際中の近藤を何度も清瀬の実家に連れて行き、家族にも会わせていたという。

明菜の父、明男が語る。

「マッチは何回も家に来たことがありますよ。二人で車に乗って来て、離れた場所にある駐車場に停め、そこに明菜の兄が車で迎えに行くんです。私は明菜がマッチと結婚するのかと思っていたのに」

しかし、明菜と家族との関係に溝ができるようになると、いつしか実家からも足が遠のいた。その頃、明男が経営していた中華料理店に研音の社長の花見が姿を見せ、「会社の役員に入ってくれませんか」と口にすることがあったという。

「もちろん私は『そんな器じゃないです。勘弁して下さいよ』と断わりました。明菜は私たちが、自分のお金を使い込んだかのように思っていますが、誤解されるようなことは何もないです。私も明菜のコンサートには二回ほど行きましたし、八二年秋の渋谷公会堂でのコンサートには家内の両親も招待してくれましたが、それ以上に特別扱いして貰った訳ではありません。おカネをせびったことも一度もないですから」

明菜の自殺未遂の後、家族は彼女の病室に駆け付けた。しかし、家族の口から研音の立場を気遣うような発言を聞き、明菜の心はさらに家族から離れていった。明菜が最も信頼していたはずの母親とも、時に涙を流して抱き合っていたかと思えば、突き放したような物言いで遠ざけることもあり、周りからは窺い知れない複雑な感情が入り混じっているように映った。

そして所属事務所を失い、家族とも距離ができた彼女を芸能界に復帰させる動きが水面下で始まっていた。

それを誰よりも望んでいたのは、彼女の自殺未遂の煽りを食った近藤であり、ジャニーズ事務所だった。ジャニーズ事務所に近い関係者が明かす。

「明菜は近藤との約五年の交際期間の間、八九年の自殺未遂の前にも睡眠薬を飲んだり、カミソリを持ち出したりして自殺を図ったことが複数回あったと聞いています。帰りの遅い近藤を玄関で待って、そのまま寝落ちしてしまうような一途なところがあって、ちょっとした諍《いさか》いが原因だったようです。

ただ、それは彼女が絶頂期を迎えていた八五年頃から始まっています。彼女にはまた自殺を図ってしまう恐れもあった。いつまでもマスコミに追われて逃げ続けている訳にもいかないし、お詫びの会見をやって線を引き、再起を期すためには、まず所属事務所を整える必要がありました」

大晦日の金屏風会見

メリーから事態の収拾を頼まれた小杉は、かつてＲＶＣ時代に宣伝にいた中山益孝に白羽の矢を立てた。

中山は原宿のショップで働いていたところを小杉から誘われてＲＶＣの宣伝マンとして入社した。小杉が代表を務める音楽プロダクションでも働き、弟分的な存在だった。ただ、マネジメント経験が豊富だった訳ではない。

新事務所は「コレクション」と名付けられ、社長には中山が就いた。取締役には明菜やワーナーの山本社長も名を連ね、資本金三千万円の大半はワーナーが用立てた。

明菜は小杉のサポートを期待していたが、小杉は役員には入らなかった。その後ろに控えていたメリーは、あくまでもジャニーズ事務所の副社長として、窮地に追い込まれた近藤の芸能活動を守ることを最優先に考えて動いた。ただ、百戦錬磨のメリーが、明菜のマネジメントを経験の浅い人物に委ねればどうなるのか。その結末を予測できなかったはずはない。

疾風怒濤《しっぷうどとう》の八〇年代が、終わりを告げようとしていた八九年十二月、明菜の記者会見は急遽決まった。十二月三十一日の大晦日、しかもNHKの紅白歌合戦が放映されている夜十時に設定され、その様子はテレビ朝日が生中継することになった（章扉参照）。

芸能史に残る〝金屏風会見〟である。中継を担ったテレビ朝日は当時制作三部長で、音楽班を仕切っていた皇達也が陣頭指揮をとった。皇はテレビ朝日の実力者として知られていたが、二〇二一年三月に逝去。この金屏風会見については、生前に「私がメリーと話をして決めた」と語っていた。

事情を知るテレ朝関係者が明かす。

「大晦日の夜十時の枠は、ジャーナリストの田原総一朗の討論番組が予定されており、編成に話を通して、そこに押し込んだ形でした。もちろんスポンサーもいる訳ですから、中森明菜が出席する謝罪会見である旨は伝えてありました。責任者の皇は、年末年始をハワイで過ごすのが慣例で、『あれこれ詮索されないよう当日はハワイに行く』と言って、実際の作業は現場に委ねていました。会見の前日、担当者は朝方の三時頃まで明菜と一緒にいたと聞いています。明菜が本当に来てくれるのか、それだけが不安だったのです」

当日、会見場の新高輪プリンスホテルで、報道陣の前に現れた明菜は、ロングヘアをバッサリと切り、地味なグレーのスーツ姿だった。

彼女は「私が仕事をしていくうえで、一番信頼していかなくてはならない人たちを信頼できなくなってしまった」と自殺未遂の理由を説明。近藤の自宅で自殺を図ったことについては「今になっても、なんて愚かな、なんてバカなことをしたのか」と後悔を口にした。

先のテレ朝関係者は二人の関係についてこう語る。

「彼女と近藤は、自殺未遂の後、すでに男と女の関係は終わっていました。彼女はすべて納得したうえで会見を開くことを受け入れていました。会見場に金屏風が用意されていたため、婚約会見を開くという甘言に乗せられて彼女が会見に臨んだかのような報道もありましたが、金屏風は事情を知らないホテル側が、記者会見と聞いて用意したに過ぎません」

後年、明菜は金屏風会見について聞かれると、「あんなことになるとは思っていなかった」と語っている。それは騙し討ちにあって会見の場に引っ張り出されたという意味ではないが、どちらの意味合いにも取れる曖昧な表現で明言を避けていたのかもしれない。芸能活動再開のきっかけになるはずだった金屏風会見は、結果的に彼女を表舞台から遠ざけ、さらに彼女の復活に期待していた人たちをも遠ざけてしまったのだ。

消えた七千六百万円

誤算は近藤側も同じだった。会見当日、メリーは所属タレントの付き添いで、NHKホールの紅白歌合戦の現場にいた。会見とは無関係を装っていたものの、世間の批判は凄まじく、近藤の人気が好転することもなかった。

それどころか、近藤が明菜から「将来二人が住むマンションの費用」という名目で、多額の金銭を貢いで貰っていたとマスコミは書き立てた。近藤側は「マネージャーがやったこと」と責任転嫁を図り、マスコミもその言い訳を鵜呑みにしたが、それは事実とは大きくかけ離れていた。

明菜の元側近が明かす。

「明菜から近藤にカネが渡り、それを近藤のマネージャーが持ち逃げし、その後も返済されていないという話でした。振り込み明細を確認すると、七千六百万円が確かに近藤に支払われていました」

果たして、その七千六百万円はどこに消えたのか。

近藤のマネージャーはその後、ジャニーズ事務所を辞め、しばらく芸能界から姿を消した後、芸能界のドンと呼ばれる大物の運転手となり、芸能プロの代表を務めている。

その近藤の元マネージャーが重い口を開く。

「私は十六歳の時にジャニーズ事務所に入り、田原俊彦、近藤真彦、少年隊などのマネージャーを務めました。二十年の区切りで、一旦芸能界を離れようとジャニーズ事務所を辞めたのですが、その後、私がカネを持ち逃げしたという噂を聞きました。真実は一つ、分かってくれている人は分かってくれていると思ったのですが、芸能界に戻った後、その話を持ち出し、『申し訳ないけど、仕事やり辛いよ』と露骨に言う人もいて、影響がありました。私はそんなお金は一切知りません。私がジャニーズ事務所を辞めたのは、明菜さんの自殺未遂の後だったので、全部私に被せたのでしょうか。ただ、明菜さんのお金のことをストレートに聞かれたのは今回が初めてです。これまで、マスコミの誰一人として私に聞きに来た人はいませんでした」

金屏風会見は、当事者である明菜や近藤だけでなく、周囲の人の人生をも狂わせていた。だが、お金の問題は、それとは別だ。

仮に、明菜本人が、この七千六百万円を本当に近藤に騙し取られたと思っていたのなら、正当な権利を行使し、返金を請求すればいい。しかし、明菜がそれを求めた形跡はない。彼女を取り巻く人たちが近藤の仕打ちに腹を立て、騒ぎ立てていたに過ぎない。たとえ近藤が不誠実だったとしても、すでにこの問題は彼女のなかでは解決していたのだろう。

敵か、味方か

明菜は一連の騒動を経て、以前にも増して、人を敵と味方で判断するようになった。彼女は一度敵とみなすと、それが間違った判断だったとしても、決して評価を変えなかった。

九〇年に入り、彼女は、スローペースながら五月からニューヨークでレコーディングに入り、七月に再起を期した明るい曲調の新曲「Ｄｅａｒ　Ｆｒｉｅｎｄ」を発表した。八月には仏ニースからの生中継で「夜のヒットスタジオＳＵＰＥＲ」に出演し、自殺未遂以来、初めて歌番組にも生出演を果たした。

彼女の新事務所であるコレクションは、何とか船出したものの、社長の中山は明菜が自殺未遂した時の入院費の請求書を手に、研音と押し付け合いを始めるなど、いくつもの難題に頭を抱えていた。明菜との意思疎通を図るため、研音時代に長く彼女を支え、その後研音を辞めたマネージャーの柳澤秀昭を呼び戻したが、そのうちに明菜本人ともなかなか連絡が取れない状態が続き、早くも迷走を始めた。

当時の彼女にとって、唯一頼りになる存在は、デビュー以来の所属レコード会社であるワーナーのはずだった。

業界ご法度の裏切り

だが、この頃、明菜のワーナー側への不信感は頂点に達し、築き上げた絆も風前の灯になっていた。その不信の萌芽は、彼女がまだ十代の頃から、ワーナー内部で根強く囁《ささや》かれていた噂だった。

デビュー二年目に彼女が出した四枚目のシングル「1/2の神話」。そのB面に「温《ぬく》もり」という曲がある。十代で唄うには大人びているが、ファンの間では隠れた名曲として人気の高い、ボサノヴァ調の作品だ。

作詞、作曲を担当したのは「井上あづさ」なる人物で、他の明菜作品にも、他のアーティストにも楽曲を提供した痕跡はなく、長らく、その正体は謎だった。

実は、この曲を書いたのは女性ではなく、かつて明菜の最も近くにいた初代ディレクターの島田だという。ワーナーの元幹部が明かす。

「彼はもともと学生時代にミュージシャンとしてデビューした経験があり、楽器もできるし、作曲もできた。彼は外部の音楽出版会社と連携し、版権の管理を任せており、ワーナーの上層部は、その報告を受けていませんでした」

八三年二月、七十七万枚を売り上げ、明菜最大のヒットとなった「セカンド・ラブ」に続いて発売された「1／2の神話」は、TBSの「ザ・ベストテン」で七週連続一位を記録。五十七万枚を超える売り上げを達成している。当時、シングルレコードは一枚七百円。A面の曲がヒットすれば、当然B面も同じだけ売れる。単純に計算すれば、B面の印税が百八十円を超えれば、一億を超えるカネを生むことになる。ワーナー元幹部が続ける。

「当時の編成会議は、A面に何を持ってくるかが主眼で、スタッフからは、『このB面の曲はタッチが軽いですが、それでA面を光らせたい』といった提案が多く、上層部もあまりB面には細かいチェックまではしていませんでした。ただ、『セカンド・ラブ』のヒットで、次のシングルも当然五十万枚を超えるようなヒット曲になることは容易に想像ができた。そこに上手く滑り込ませたのでしょう。彼はこの一件だけではなく、他にも明菜にペンネームで曲を提供し、印税を手にしていた。ペンネームで楽曲を作っても、歌手本人や会社に公にし、了解を得ていれば話は別ですが、誰も知らされていない。これは裏切り行為であり、この業界ではご法度です」

ワーナーの社内でも、その正体を詮索し、島田本人に「この〝井上あづさ〟さん、凄くいい曲を書くので、紹介して貰えませんか？」と尋ねる者もいた。島田は「忙しい人で、本人はあまり表に出たくないと言っている」と断わっていたという。

名曲の誉れが高かった「温り」は、明菜がワーナーを離れるまでベストアルバムにも収録されず、二〇〇〇年代になって久し振りにステージで披露されるようになった。作品さえ残れば、それがどんな経緯で世に出たかは、大した問題ではないという考え方もある。ただ、信頼していたスタッフの〝裏切り〟、しかもデビューからわずか一年足らずの時期だったことを思えば、彼女の歌手人生は、初めから裏切られていたと言えるかもしれない。

その点を改めて島田に聞くと、彼は「井上あづさ？　私じゃないんじゃないかな。昔のことでやや記憶が定かではないですが、それはどうだったかな」と言葉を濁した。そして、その経緯をこう説明した。

「ただ、私がペンネームを何個か使い、曲を書いていることは間違いないです。一つはジエームス・テイラーじゃないですが、洋楽みたいな名前は使ったけれど、他はどういうペンネームにしたかはあまり覚えていない。全体を通してどういう曲が足りないとか、それは私の立場では分かっていたから、明菜には『これは私の曲だよ』と言ったことはないです。あまりそういうことを尋ねる子ではなかったし、私は彼女とは仕事を通じて信頼関係がありましたから。他のレコード会社の人に聞くと、ペンネームで楽曲を提供した経験がある人は数多くいましたし、この業界では珍しいことではありません。後ろめたさを感じている人は一〇〇％いなかった。作詞家や作曲家が所属する音楽事務所が出版権代行をしてくれているケースもよくある話でしたが、金銭的にどうのということではなく、彼女を可愛いと思っていたし、とにかく当時はメチャクチャ忙しかった。私自身、外車を乗り回しているとか、いろんなことを言われたことも確かです。ただ、この件で、私がワーナーの上層部に咎められたこともないし、職権乱用みたいな話ではないです」

その語り口は至って冷静で、罪の意識は感じられなかった。

島田はその後、倉沢淳美や杉浦幸、畠田理恵、少年隊などのアイドルを手掛け、九四年にワーナーを退社しているが、明菜の担当を外れてから、彼女とは三十年以上会ってはいないという。ワーナーにとって島田は、初期の明菜像を作り上げた功労者であり、当然功績は讃えられるべきだが、その裏切りが、繊細な彼女を、のちにどれだけ傷つけることになるのか、分かっていたのだろうか。そこに思いを馳せられないのであれば、信頼関係という言葉も虚しく響く。

ワーナーとの決別

八〇年代の数々のヒット曲をともに世に送り出したパートナーのワーナーもまた、明菜とは決別するしかなかった。その後の彼女は、全盛期の版権をすべて持つワーナーがベストアルバムを発表すると、「みんな〝ワー〟で始まるレコード会社が作っているのは買っちゃダメよ」とステージであからさまに語ることさえあった。

九一年三月、彼女がワーナー時代に最後にリリースしたシングル「二人静─『天河伝説殺人事件』より」は、松田聖子の楽曲を数多く作詞した松本隆が初めて明菜に書いた曲として知られる。しかし、この曲はワーナーではなく、ライバル社のビクターに所属するディレクター、川原伸司が制作を担当している。川原は明菜の所属事務所であるコレクションの中山社長とは昵懇《じっこん》の仲だった。川原はかつて別名で、松田聖子の「瑠璃色の地球」を作曲し、その作詞を松本が担当した関係でもあった。ワーナーは蚊帳の外に置かれ、この時点で明菜の信頼を完全に失っていたのだ。

川原は、「二人静」のレコーディング時の様子を、自著『ジョージ・マーティンになりたくて　～プロデューサー川原伸司、素顔の仕事録～』（シンコーミュージック）のなかで、次のように語っている。

〈スタジオで明菜さんに「じゃあ唄ってください」と伝えたら、「今から3通り唄いますから、どの唄い方が好きか決めてください」……「やるな」と思いましたね。（中略）彼女も「どうしたらいいですか？」ではなくて、レコーディングの前に自分なりの作戦を考

えて、勝負してくるヴォーカリストなんですね。ミュージシャンっぽいというか、全然アイドルではないんです〉

あの美空ひばりも、レコーディングの際には、スタッフに対して一つのフレーズを何種類も自分なりの解釈で唄って聞かせ、そのうえで節回しを決めていったという。一九六五年生まれの明菜にとって、戦後の高度経済成長と軌を一にして全盛期を迎えた美空ひばりは、決してリアルタイムの歌手とは言えないが、随所にひばりと共通項があるのは、母親の影響というだけでなく、明菜の歌手としての理想がそこにあるのかもしれない。

「そんな話聞いていない」

ディレクターとして「二人静」の制作を担当した川原は、その後も明菜の仕事に関わっていくことになるが、マネジメントの要となるべきコレクションは、いよいよ終焉の時を迎えていた。ジャニーズ事務所のメリーの意を受け、小杉が社長に抜擢した中山は、ほとんど明菜と信頼関係を築けないままに九一年六月に辞任。明菜のマネジメントは宙に浮き、誰も彼女をコントロールできない状態に陥った。

コレクションの社長を辞めた中山は、明菜の新たなビジネス展開を川原が籍を置くビクターの関係者らと模索し始めた。彼らは、ビクターが九一年に合弁会社として設立したMCAビクターに明菜を移籍させることを画策。すでに彼女の新しい事務所も用意していた。九一年九月に設立された「コンティニュー」という会社で、代表には中山の友人であるテレビ局関係者が就任し、明菜も取締役に名を連ねた。

そこに実務を担う人材として招聘されたのが、以前から明菜と面識のあったビクターの元社員、栃内克彦《とちないかつひこ》だった。中山は栃内を呼び出し、彼にディスカウントチケットを差し出して、こう告げた。

「栃内さん、ニューヨークにいる明菜のところに行って来て欲しい」

自殺未遂から約二年。中森明菜は、歌手としての本格復帰が見通せないなか、ニューヨークで無為な日々を過ごしていた。シングルを三枚出したものの、アルバムの制作は未定。ワーナーとは契約上の繋がりのみで、もはや決裂状態にあったが、その時の明菜は九二年二月に放送予定のフジテレビの旅番組「音楽旅行」の撮影などで、ワーナーの宣伝スタッフを伴ってニューヨークにいた。

そこにレコード会社の移籍話を持って栃内が現れた。ようやく摑まえた明菜は思いのほか元気で、そこから数日はワーナーの宣伝スタッフを交えて夜にはバーで飲食をともにした。当初明菜は、栃内がワーナーのベスト盤のジャケット写真の撮影のために渡米してきたと思い込んでいたが、件《くだん》の宣伝スタッフが先に帰国することになると、栃内にこう尋ねた。

「ところで、今回は何の用？」

栃内が「ＭＣＡビクターに移籍して第一弾の打ち合わせに来たんだ」と打ち明けると、彼女は驚いた表情を見せた。

「何それ？　そんな話聞いてないよ」

明菜にまた試練の時が訪れようとしていた。

第八章

混迷の九〇年代

1998年1月から日本テレビ系で放送されたドラマ「冷たい月」では永作博美と共演した

NYで松田聖子を唄う

明菜にとっての九〇年代は、八〇年代の華々しい活躍と明暗を分けるように次々とトラブルが降りかかる冬の時代だった。

九一年十二月からニューヨークに滞在中だった明菜のもとに持ち込まれたワーナーからMCAビクターへの移籍話は、最初から波乱含みだった。

「そんな話聞いてないよ」

明菜の所属事務所だったコレクションの元社長、中山からの依頼で現地に飛んだ栃内は、明菜のその言葉を聞いて脂汗が滲んでくるのが分かった。栃内は一旦帰国し、弁護士事務所で契約書の写しを受け取ってから、再びニューヨークに向かった。

改めて契約書を見た明菜は「その実印もサインも私のじゃない」と答えた。栃内が「契約したことになっている」と説明すると、彼女は「してないよ。話も聞いてないもん」と重ねて明言した。栃内が当時を振り返る。

「私も聞かされていた話とはまるで違う状況に驚き、明菜に対して返す言葉もありませんでした。そこから彼女とじっくり話をしました。これまで彼女のマネジメントを担ってきた人たちが、誰も本人ときちんと話をしようとはせず、避けてきたことが、逆に彼女を追い詰めている状況も理解しました。明菜はニューヨークがお気に入りのようで、中心部にあるロイヤルトンホテルのペントハウスに宿泊していて、夜になるとカラオケのあるピアノバーに連日のように通いました。彼女は大好きな松田聖子の曲を唄って、機嫌もよくなっていき、話も前進していったのです」

そして九二年二月に二人は帰国する。契約書を整えた後、栃内はコンティニューの後任社長に就任した。業界の重鎮たちから「明菜は芸能界の宝だから、助けてやってくれ」と言われたことも、社長を引き受けた理由の一つだった。栃内が続ける。

「驚いたのは、ジャニーズ事務所の傘下にある『ヤング・コミュニケーション』の当時の幹部が、真っ先に連絡をしてきて、明菜と近藤真彦との交際について言及したことです。『近藤が、明菜からマンション購入名目で受け取ったお金の件は伏せて欲しい』と言われたのですが、私には何の話をしているのか、まるで分かりませんでした」

自殺未遂から二年が過ぎても、明菜と近藤との〝事件〟は、まだ燻《くすぶ》り続けていた。その縺れた人間関係のしがらみから脱却すべく、新事務所を立ち上げ、スタートを切ったはずだった。だが、その船出は初めから〝視界不良〟だった。

「コンティニュー」は明菜をワーナーからMCAビクターに移籍させる受け皿として設立され、登記簿上の本店所在地はコンティニューの監査役である会計士の事務所に置かれた。ビクター側からは当初、約五千万円が運転資金として振り込まれ、立ち上げに携わった関係者らは栃内に会社を預けて、経営からは手を引いた。

衣装のクリーニング代二千万円

ところが、栃内が社長に就任した時点で、口座から金が消えており、ほぼ空っぽの状態になっていたのだ。

「前任者らが費消していたことが、のちに分かりました。私が引き継いだ時点では、御殿山に家賃が約三百万円する一軒家を事務所として借りていて、三階に明菜が着る衣装がズラリと並べてありました。さらにそれとは別に音楽業界御用達の業者から衣装部屋も借りており、それらのクリーニング代の請求書が突然届いて、金額を見たら二千万円近かった。

ただ、本人はどの衣装を、いつ、どこで、どういう状況で着たのかをちゃんと記憶していて、『あの時のあれを探して』と言われると、もう大騒ぎでした」

当時はファンクラブ対応のためのスタッフも含めて社員は七名。家賃が高額だった御殿山の事務所は数カ月で引き払い、白金に移転したが、そのうちに、あちこちから支払いを求める催促の電話も入るようになった。都銀の支店長からは呼び出しを受け、明菜が家族のために約一億円で建てた東武線沿線のマンションも、ローンの返済が滞っていると指摘を受けたという。

明菜のマネジメント体制は、研音を離れた二年の間にガタガタに崩れ、カネの支出入の管理も杜撰《ずさん》極まりない状況に陥っていたのだ。

栢内はビクター側に追加資金を依頼したが、明菜に約束していた月五百万円の給料を四カ月ほど払った時点で資金繰りはいよいよ切羽詰まっていく。ついにビクター側は「何でそんなにお金が掛かるのか」と資金の供給をストップした。栢内はカラオケ店経営やイベント事業を行なっていた自分の会社の売り上げからも不足分を補填したが、危機的な状況は変わらなかった。事態を好転させるには、本格的な歌手活動の再開が急務だった。

トイレに籠もりきり

九二年の明菜は、ニューヨークに拠点を置き、大半の時間を現地で過ごした。出費は嵩んだが、異国の地で、日本ほど人目を気にしないで済む生活に解放感を感じてもいたのだろう。しかし、肝心の仕事の方は、決して順風満帆とは言い難い状況だった。

九二年四月、明菜は安田成美とのダブル主演で、女性同士の友情を描いたドラマ「素顔のままで」（フジテレビ系）に出演。初の連ドラ出演ながら、平均視聴率二六・四％と高視聴率を叩き出し、演技力も高い評価を受けた。

ただ、当時の明菜には、時に明らかな変調が現れることがあった。栃内が明かす。

「明菜が楽屋からまったく出て来なくなり、共演の安田成美さんも困惑していました。一報を受けて私がスタジオに駆け付けると、今度はトイレに籠もって出て来なくなったのです。ようやく出て来たかと思ったら、目は真っ赤で、何度も嘔吐し、フラフラの状態になっていました」

その数カ月後、明菜はフジテレビの新春ドラマ「サンテミリオン殺人事件」の撮影で、フランスのロケに参加している。「夜のヒットスタジオ」の元プロデューサー、渡邉光男がドラマの担当だったことから、本人も意欲を見せていたが、滞在先のパリでも、トイレに籠もり、丸一日出てこないことがあったという。

心身のバランスが崩れ、身体が悲鳴を上げているかのような異変。日本の芸能メディアは、明菜が再び自殺未遂を図ったと騒ぎ立てた。

明菜の周辺は必死に〝異変〟を隠し、彼女を庇《かば》ったが、本人が遅々として進まない歌手活動の再開にジレンマを感じていたことは確かだった。その心の間隙を縫って入り込んできたのが、ラジオの仕事で関わりを持った制作会社「アイセック」社長の木村恵子で、のちに木村は明菜の暴露本『中森明菜　悲しい性《さが》』（講談社、一九九四年）を書くことになる。一時は明菜が「お母さん」と呼ぶほど近い存在だったが、マネジメントの主導権を握ろうとする木村の登場は、その後の迷走に拍車を掛けていく。

「みんな私を利用して商売する」

一縷の望みは、当時音楽プロデューサーとしてブレイク寸前だった小室哲哉から持ち込まれた「明菜に曲を提供したい」という要望だった。柄内は、小室の早実時代からの友人で側近だった喜多村豊とはかねてからの知り合いで、彼を通じて齎されたものだった。柄内は二人のコラボを実現させ、小室が明菜に書いた「愛撫」を移籍第一弾のシングル曲にしたいと考えていた。「愛撫」には松本隆の詞がつけられ、レコーディングまでは順調に進んだものの、この曲がシングルとして発売されたのは、それから約二年後のことである。

明菜を取り巻く環境は、事務所の経営が抜き差しならない状態になったことで、またしても空転を始めていったのだ。栃内が当時の内情を打ち明ける。

「明菜とMCAビクターは契約金三億四千万円で移籍に合意と報じられましたが、私が確認したのは、無くなっていた最初の五千万円を含めても約一億七千万円。資金が回らなくなり、給料の遅配が始まると、明菜に『栃内が契約金を使い込んだ』と吹き込む者がいて、彼女もその話を信じ込んでしまった。私が明菜のカネで店を出したとまで言われましたが、そんな事実は一切ありません。ただ、彼女と次第に連絡が取れなくなり、私だけが悪者になっていました」

明菜は周囲に、栃内への怒りを隠さず、「最初はいいことを言っていたのに騙された」

「みんな私を利用して商売する」と不満をぶちまけた。

栃内が社長になってからわずか一年で両者の関係は破綻し、明菜は事務所を離れた。主を失った「コンティニュー」は混迷を続け、その後、九六年に破産。栃内は弁護士の力を借りながら数年をかけてファンクラブを整理し、ビクターからは訴訟を提起された。すべての責任を一人で背負う形になり、借財を抱えて、外資系の保険会社の仕事をしながら債務整理に追われる日々のなか、偶然、白金のタイしゃぶ屋で明菜と遭遇した。彼女は栃内を物凄い形相で睨みつけ、無言で去っていったという。

「心を持っていかれるのが耐えられない」

彼女はまたさらに孤独の鎧を身につけ、限られた人としか接点を持たなくなっていく。その混沌とした日々を象徴するかのように、当時、彼女が受けたインタビュー記事には「裏切り」や「騙された」という強い言葉がたびたび登場する。

「新しいスタッフとめぐり会って、今度こそ大丈夫、と思うんだけど、またダメで、その繰り返し。普通のコだったらちょっと生きていられないよ、きっと。もう人間不信なんてもんじゃない。またダマされるんじゃないかって、恐怖心にとらわれちゃってるから……。きっと、あと20年くらいしないと、不信感は癒えないと思う。……お金をね、持っていかれるのはいいんです。でも一緒に心を持っていかれるのが耐えられないの」（『Ｗｉｔｈ』、九三年十一月号）

九五年一月号の『マルコポーロ』では、「歌手になっておカネを稼ぐようになったら、騙されたり裏切られたり……、そんな思い出ばかりです」と吐露した後、「私は天涯孤独で生まれればよかった。正直なところ、今もそう思っています」と明かしている。さらに近藤との過去の恋愛と自殺未遂についても触れ、「騒動に巻き込んで大変な迷惑をかけて申し訳ないことをした、そんな思いだけでした。だから、数カ月後に彼とはお別れしました。今、私の気持ちの中には尾を引いているものは何もありません。未練なんて……。女性週刊誌などは、おもしろおかしく私の心理を書いてくれてますけどね」と答えている。

当時、彼女が最も信頼を置いていたのは、二十代前半に、六本木のチャイニーズレストランで、客と店員として出会って以来の知り合いだった江田敏明。二人は交際中だった。江田は、九三年に明菜が設立した個人事務所「ＮＡＰＣ」の副社長としてマネジメントにも関わるようになった。明菜はこの頃、「お母さん」と呼んでいた制作会社の木村から契約不履行を理由に損害賠償訴訟を起こされ、彼女が書いた暴露本の騒動の渦中にあり、その混乱を収めるために江田に助けを求めたのだ。

NAPCには当時、明菜が親しくしていたフジテレビの元プロデューサー、渡邉光男や長年にわたって彼女のスタイリストを務めた東野邦子も役員に名を連ねていたが、そのうちに明菜と袂を分かった。彼らもまた口を噤んだまま、明菜のもとを去っていった。

明菜が華々しい活躍を見せた八〇年代は日本経済が空前のバブル景気に沸き、九〇年代の足跡が聞こえた頃から、右肩上がりを続けた株価と地価が下落してバブルは崩壊した。その盛衰と軌を一にするように、明菜の人気にも陰りが見え始めた。

最愛の母の死

一つの節目は、九五年六月に訪れた。癌を患い、長く闘病生活を続けていた最愛の母、千恵子を亡くしたのだ。明菜は通夜には顔を見せたが、葬式には「仕事があるから」と出席せず、この日を境に家族とは完全に没交渉となった。

父親の明男が語る。

「家内が亡くなる少し前に、事務所の若いスタッフが何人も来て、『本人が中森家の戸籍を抜けたいと言っていますので、よろしくお願いします』と言われました。『冗談じゃない。事前に何の相談もないのに』と怒って帰って貰いましたが、あの子も成人ですから、戸籍は勝手に抜いたんでしょう。ただ、今でも私は不服に思っていますよ」

明菜は〝分籍〟の手続きまでして、家族との繋がりを自分の歴史から消し去ろうとしたのだ。

六人兄弟姉妹の五番目、三女として育った明菜は、歌手志望だった千恵子の影響で幼い頃から歌い手を目指した。決して裕福な家庭ではなかったものの、母親は娘のためにピアノを買い、四歳からはバレエを習わせた。歌手デビューが決まり、ヒットチャートを駆け上がる娘の活躍を誰よりも喜んでいたのが母、千恵子だった。

明菜は八八年に母親に癌が見つかると、翌年には母の療養のためにハワイのマウイ島に約一億円で別荘を購入した。母への思慕の情は決して途絶えた訳ではなかった。だが、パイナップル畑の中に佇み、南国風情を漂わせた別荘は、そのうちに誰も訪れる者がいなくなり、管理も行き届かなくなった。ネズミが食い荒らし、買い手もつかない状態で長く放置された様は、家族を巡る明菜の荒廃した胸の内を物語っているかのようでもあった。

初のカバーアルバム

母親の死後、家族に背を向けた明菜は、本業の歌手活動でも、かつての栄光を取り戻せないでいた。

当時の音楽シーンは、八八年のシングルCDの登場により、再び活況を取り戻し、J－POPが全盛期を迎えていた。小室哲哉のプロデュース作品やZARDなどビーイング系のミュージシャンを中心に百万枚を超えるミリオンヒットが続出。そのなかで、明菜はアイドルではなく、一表現者として、自分の立ち位置を探す試行錯誤を繰り返した。

九四年には初のカバーアルバム「歌姫」をリリースし、幼い頃に親しんだ岩崎宏美の「思秋期」や日本のロック史に残る名曲、カルメン・マキ&OZの「私は風」などを独自の解釈で見事に昇華させた。九六年には三十歳を機に初のディナーショーにも挑戦したが、一方でトラブルメーカーのイメージが先行し、セールスは頭打ちだった。芸能界の仕事に不慣れな江田のマネジメントで、またしても現場に混乱が生じていたのだ。

NAPCの関係者が振り返る。

「江田さんは、人を介してショーケンの所属事務所の元社長、桜井五郎さんの力を借りることにしたのです。桜井さんは寺内タケシとブルージーンズの歌手から、渡辺プロのマネージャーに転じた、芸能界の裏も表も知り尽くしたような人物でした。破天荒なショーケンの全盛期を支えた手腕を見込んで、扱いが難しい明菜の調整役を期待したのです」

明菜が社長を務めるNAPCは、桜井が率いる「インディジャパン」と業務提携し、テレビ局やレコード会社との交渉などのマネジメントを委ねることになった。当時は、MCAビクターとの契約が切れ、新たなレコード会社を探していた時期だったが、インディジャパンの紹介で、第一興商傘下のレコード会社「ガウスエンタテインメント」と契約に漕ぎ付けた。明菜にも、ようやく迷路の出口が見え始めていた。

歌手活動だけではなく、九八年一月からはサスペンスドラマ「冷たい月」（日本テレビ系）で久々に主演し、その鬼気迫る演技が好評を博した（章扉参照）。

当時を知るNAPCの元スタッフが語る。

『冷たい月』は永作博美さんとの共演でしたが、番組の打ち上げで永作さんが泣き出してしまったのです。とにかく過酷な撮影スケジュールだったので、こみ上げるものがあったのだと思いますが、その様子を見て『明菜との共演が大変だったんだな』と受け取る人もいました。明菜さんは元来、生真面目で、融通が利かないところがありますから、演技の場面でも『おかしい』と思ったら遠慮せずに口に出してしまう。それで周囲が振り回されるのです。その代わり、本人も役作りに没頭しているので、悪気を感じることもない」

ドラマで幕を開けた九八年は、新譜のリリースに続いてコンサートツアーの予定も入り、明菜にとっては久々に充実した日々だった。NAPCの元スタッフが続ける。

「明菜さんは当時携帯電話を持っていましたが、その携帯は江田さんに預けたまま、まったく使っていませんでした。他人と個人的に連絡を取る意思もなく、その必要もなかったのでしょう。ただ、どこに行っても取材陣がいるので、保証人をつけてもなかなか部屋を貸して貰えず、八カ月近く都内のホテルに住んでいました」

外出の機会が減り、食事も行きつけだった小料理店にほぼ毎日のように通った。部屋にいる間は、ただひたすらテレビを観る生活だった。出不精になると、楽曲の制作意欲とは裏腹に、最初の一歩が踏み出せなくなっていた。

ウォッカ・リッキー三杯

この頃、明菜のレコーディング現場には必ずお酒が用意されていた。ウォッカ、しかも彼女が指定するスミノフ五〇度の青ラベル。これを炭酸で割って、スクイーザーでレモンを絞り、ウォッカ・リッキーを作る。彼女はそれを飲みながら、レコーディングの準備に入るが、この時点で唄う準備は整ってはいない。持参した小さなラジカセを持ってブースに籠もり、三十分から四十分かけて曲を聴く。そして、スタッフに「唄う」と一声掛けると、四回か五回唄ううちに、〝明菜節〟になっていくのだ。

当時を知るマネージャーが明かす。

「経験を積んできたと言っても、やはりレコーディングに向かう怖さのようなものがあったのでしょうか。とくに一回目はお酒の力を借りないとダメでしたが、お酒は三杯までと決めていました。本人もそれ以上飲むと酔っ払ってくることは自覚していましたし、周りも三杯目になると、そろそろどうやって帰らせようかと思い始めていましたね」

そして完成したガウス移籍第一弾のアルバム「スプーン」を携えて、九八年六月から一カ月をかけて全国十四カ所十五公演のツアーがスタートした。

このツアーは老舗プロモーターで、キョードーグループの創立者の一人、内野二朗の会社が全面的にサポートした。明菜も乗り気で、朝は誰よりも早く起き、いつ寝ているのかと思うほどだったという。

「コンサートの最後の見せ場で、『冷たい月』の主題歌だった『帰省～Ｎｅｖｅｒ　Ｆｏｒｇｅｔ』という曲を唄っていたのですが、この曲は高い音域のところはかなり高い。レコーディングの時のキーでは、正直キツそうでしたが、『ファンが楽しみにしているからオリジナルのキーでいきたい』とギリギリまで粘っていました」

メリー喜多川の影

ツアーは順調だったが、ある時、予定されていた会場が急遽変更になるハプニングが発生した。荷物を抱え、何度も移動を強いられるうち、明菜も「なんでこんなスケジュールになっているの」と苛立ち始めた。すると、キョードー側からは、「ジャニーズ事務所のメリーさんから電話があったみたいで。明菜がそこでやるならウチのタレントは使わせないと言っている」と説明があったという。当時のマネージャーが続ける。

「私も耳を疑いました。自殺未遂から十年が経とうとしているのにそんなことがあるのかな、と。明菜さんも急な変更に苛立っていましたが、内容を伝えるとひと言、『ああ、私嫌われているからな』。それで終わりでした」

このツアーは、収支も黒字となり、まずまずの成果を残したが、看過できない問題がいくつも持ち上がっていた。

ツアーに先立ち、大手資本の音楽事業会社から、「費用は全額こちらで持つので、ツアー映像を撮らせて欲しい」とオファーがあり、マネジメントの責任者として江田にも話が伝えられた。先方から「明日までに答えが欲しい」と迫られ、江田も「分かった」と答えていたものの、翌日、江田の電話は一向に繋がらなかった。そして、この契約はご破算となった。すべては杜撰なマネジメント体制に起因するが、そのルーズな体質は、さらに深刻な問題を引き起こしてもいた。

明菜の事務所側が、ディナーショーなどの興行権を二重に売っていた問題が浮上したのだ。当初は、芸能界の重鎮が役員を務める興行会社と契約していたが、契約を一年残して別の演歌系興行会社と契約し、二重契約だとして数千万円の契約金を巡って大揉めに揉めた。さらに提携先のインディジャパンとも、契約不履行などを理由に裁判沙汰のトラブルに発展していく。

いずれも明菜の与り知らないところで起こったことだったが、彼女を支えるチームの歯車は、確実に狂い始めていた。この頃から「明菜がホテルで暴れて調度品を壊し、出入り禁止になった」といった奇行の風聞が囁かれるようになる。

彼女の怒りの矛先は、唯一甘えられる〝身内〟の江田に向けられた。明菜は厳しい言葉で江田に当たるだけではなく、腹立ち紛れに食べかけのラーメンを浴びせかけることもあった。それでも江田は言い返すでもなく、彼女の宥《なだ》め役に徹した。

江田は、外部から新たに幅広い人脈を持つ男を招聘した。NAPCの顧問となった男は、人脈を駆使して仕事をとり、現場にもまめに顔を出したが、その実態は山口組の元組員だった。本人も元組員であることを隠そうとせず、明菜の仕事を手掛けることで、芸能界でのビジネスチャンスを摑もうとしたが、彼がとってきた仕事を明菜がすっぽかしたことで、江田との間で暴力沙汰のトラブルにもなっていた。
もはや瓦解は時間の問題だった。

レコード会社から引退勧告

年が明け、九九年一月、明菜はドラマ「ボーダー　犯罪心理捜査ファイル」に出演。しかし、番組は最終回を待たず、途中で打ち切りとなった。表向きの理由は、明菜の骨折とインフルエンザだったが、当時は「明菜が朝方まで飲み明かしては、酔っ払って現場入りし、撮影スケジュールがズレ込んだせいで、共演者のスケジュール確保が難しくなった」などと指摘された。

だが、先の元マネージャーはこう説明する。

「撮影が夜中の二時、三時まで続き、帰宅した後に眠れなくてお酒を飲む。ただ、朝はきちんと起きて早朝からの撮影にも参加していましたし、とくに彼女が常軌を逸した行動をしていた印象はありません。彼女が、『心理技官はこういう物言いはしないと思う』と自分なりの意見を言うとそこで撮影が止まる。それで時間が足りなくなっていったことは確かです。製作者側から『病気を理由に退いて欲しい』と言われて降りただけで、批判を受けても『私は悪くない』というのは、彼女にとっての正論なのです」

番組降板で、芸能メディアは挙って明菜の奇行癖を書き立て、その旗振り役を山口組の元組員が担った。そして九九年十一月、所属レコード会社、ガウスの社長は記者会見を開き、明菜の我が儘を糾弾したうえで、「(明菜は)業界に置いてはいけないタレントだ」と引退を勧告し、最後通牒を突き付けた。

翌月発売された「ｗｉｌｌ」が明菜にとって九〇年代最後のオリジナルアルバムになった。当初本人はニューヨークでのレコーディングを希望していたが、予算とスケジュールの都合で、それも叶わなかった。収録曲もガウス時代のシングル曲や過去の音源をアレンジし直したものが中心で、オリジナルの新曲はわずか三曲止まりだった。契約を履行するためだけに作られた印象は拭えなかった。これで明菜はまた、すべてを失った。

彼女にとっての混迷の九〇年代が終わりを告げようとしていた。

終章

復活への道筋

パチンコ新機種「CR中森明菜・歌姫伝説～恋も二度目なら」のプレス発表会（2010年7月、、スポーツニッポン／時事）

デビュー二十周年の「ゼロ」

「百万枚を売って（引退勧告をした人たちを）見返してやりたい」

二〇〇〇年五月に二年振りのツアーを東京・青山劇場でスタートさせた明菜は、再起にかけた思いをステージ上でこう語った。

レコード会社だけでなく、マネジメントも空中分解するなか、四月に新事務所を見つけて契約を果たし、ようやくこの日を迎えていた。所属事務所は、加藤登紀子のマネージャーだった西山哲也が代表を務める「楽工房」に決まった。西山がその経緯を語る。

「当時、明菜さんを支援していた元キョードー東京の内野さんから、彼女の仕事の窓口になる所属事務所がないので、引き受けて貰えないかという話がありました。それで彼女と直接会って話をしたうえで、一肌脱ごうということになったのです。それから二年ほど所属しましたが、そのうちに彼女と直接ではなく、個人マネージャーの門村さんを介してやり取りするようになり、我々は手を引くことになりました」

個人マネージャーの門村崇は、明菜のディナーショーなどに関わっていた興行会社の関係者からの紹介で、九〇年代後半から彼女のサポート役を担ってきた一人である。かつて研ナオコの付き人をしていたという触れ込みで、英語も堪能で、実家は歯科医を営む資産家とされていた。彼が代表を務める「ファイス」が明菜の次の所属先になった。

水面下では彼女を何とか復活させたいと、八〇年代の活躍を支えた元ワーナーの寺林晁も動き始めていた。寺林はその頃、「ユニバーサル ミュージック」の執行役員として邦楽部門を統括する立場にあり、万難を排して彼女と契約する道を模索していたのだ。

そして明菜は二〇〇二年のデビュー二十周年の節目の年に、新たにユニバーサルと契約を結び、再びメジャーの音楽マーケットに戻ってきた。

その頃、かつて「難破船」を明菜に提供した加藤登紀子は、明菜に再び曲を提供しようとアプローチしていた。

「私は彼女の自殺未遂の一報を聞いて、『あれは失恋だけが原因ではない』と瞬間的にそう思いました。根底には歌手としての喪失感のようなものがあって、常にトップを走ってきた彼女が、音楽番組への出演も減っていくなかで、精神的に参っていた部分があったと思う。何とか彼女の力になりたいという気持ちで、その時の彼女に相応しいと思う曲を二曲ほど作って、送りました。彼女のマネージャーが間に入っていたので、間接的なやり取りになってしまったのですが、彼女からは『タイトルをゼロに変えることはできますか』という返事が来ました。面白いなと思ったのですが、そのうちに、マネージャーが『本人はスティングみたいな曲をやりたいと言っている』と返してきて、真意をはかりかねているうちに、話はそれきりになってしまいました。今となっては音源も残っていないのですが、とても残念でした」

実は、明菜は〇二年に「ZERO album~歌姫2」というタイトルのカバーアルバムをユニバーサルからリリースしている。ジャケットはCG処理された彼女のスキンヘッド姿で、まさにゼロからの出発を期したコンセプトになっている。加藤が書いた「ゼロ」を、もし彼女がこの時に唄っていたなら、そこから新たな伝説が始まっていたのかもしれない。

その後の明菜は演歌やムード歌謡、フォークソングなどのカバーアルバムを次々と発売。精力的にオリジナルアルバムもリリースし、歌い手としての力量を見せつけたが、往時の人気が戻ることはなかった。

二〇一〇年十月二十八日、所属事務所のファイスと所属レコード会社のユニバーサルは公式サイトで「中森明菜は体調不良により当面の芸能活動を休止させて頂くこととなりました」と発表した。具体的な病名までは公表されなかったが、重度の帯状疱疹が原因と報じられた。

その後、一四年に紅白歌合戦にサプライズゲストとして、ニューヨークのレコーディングスタジオから生中継で登場し、復活を果たした。アルバム制作も行ない、一六年と一七年には二年連続してディナーショーも成功させたが、再び一八年から長い沈黙に入った。

彼女は、公に姿を見せることもなく、門村が用意した都内のマンションに身を潜め、〝嵐からの隠れ場所〟に籠もったまま、その後の消息は一切漏れてくることはなかった。

温かい家庭への憧憬

彼女の波乱の後半生は、嵐が去り、ただ独り、波間に漂う傷ついた難破船そのものである。明菜は、たとえ血を分けた肉親であっても、自分の意に沿わないものは遠ざけてきた。世間が作り上げた〝虚像〟を受け入れ、孤独の淵を歩いてきた。

「明菜が会いたくないのなら、もう会わなくてもいい。もういいです」

かつて明菜との再会を切望していた父、明男は二〇二一年の春、私の取材にこう力なく笑って答えた。二年ほど前から物忘れの兆候が見え始め、心境の変化が現れていたが、親族の一人は、「身内もみんな明菜には会いたいですよ。ただ、彼女は携帯も持っていないし、直接連絡を取る方法もないんです」と内情を明かしていた。

その後、明男は散歩中に転倒し、怪我を負って入院生活を余儀なくされた。次第に記憶や人の認識にも影響が現れた。もはや一人で暮らすことも困難になったが、病床にあって、明菜の面影を持つ親族が見舞いに訪れると、「明菜」とうわ言のように語り掛けていたという。

明菜はその長い歌手生活のなかで、多くのものを手にし、そして失ってきた。

かつての明菜のマネージャーには、今でも忘れられない光景がある。

それは、明菜に頼まれ、自宅に引っ越しの整理に行った時のことだ。

「そこには近藤真彦と一緒に買った黒い家具があって、『縁起が悪いから茶色に塗って』と言われましたが、そのことよりも、台所の引き出しでみつけた夥しい数のフォークやナイフ、スプーンに驚きました。フォークだけで約八十本出てきました。ふと、彼女がホテルでルームサービスを頼んだ時、フォークやナイフを持ち帰ろうとしていた場面を思い出しました。研音にいた時代であれば、欲しい物があれば、何でも値段を気にすることなく、しかも後払いで研音が支払いを済ませてくれたのでしょう。もちろんフォークやナイフを持ち帰ると言っても、その時は、支配人や副支配人にきちんと事情を説明して譲って貰うのですが、ツアーを回ると彼女の鞄がみるみる膨らんでくる。その中身は捨てないで持って来たナイフやフォークでした」

そのマネージャーが明菜に問い質すと、「家に持って帰っても使わないんだけどね」と、あの屈託のない笑顔を浮かべるだけだったという。

幼い頃、裕福ではない家庭に育った明菜にとって、自分と家族、それぞれが専用の煌びやかな食器類を持つことは憧れだったのかもしれない。彼女は心の奥底で、本当は近しい人たちと食卓を囲むような〝温かなもの〟を求めているのではないか。不器用ゆえの潜在意識が、そこに表れているように思えて仕方がない。

九〇年代、彼女は一時ニューヨークに拠点を移し、しばらく日本の芸能界と距離を置いて、テレビ画面から姿を消していた時期がある。その頃、ドラマの撮影で同地を訪れていた「ザ・ベストテン」の元ディレクターだった遠藤環は、現地に駐在していた友人の仲介で明菜と久し振りに会った。その時の彼女の第一声が忘れられないという。

「私のこと覚えていますか?」

まるで芸能界を引退して長い時間が経過し、過去の人にでもなったかのような口ぶりだった。トップスターとして誰の意見にも耳を貸さず、自己主張を決して曲げない勝気な面と、相手を戸惑わせるほど謙虚で自信のない姿。その二律背反する性格が、明菜のなかでは矛盾なく共存している。それはきっと今も変わっていないのだろう。

〝嵐からの隠れ場所〟との決別

主役不在のまま、デビュー四十年の周年祝いのムードが続くなか、彼女は二〇二二年八月に〝嵐からの隠れ場所〟を出て、再び声を上げた。与えられた場所は、彼女にとって決して安息の地ではなかったのだろう。

明菜は公式ツイッターを通じて活動再開に向けたメッセージを発信するとともに、自らが代表を務める新事務所「HZ　VILLAGE」を東京都港区内に設立した。監査役には新事務所が入居するビルのオーナーである元裁判官の弁護士が名を連ね、管理人室の郵便ポストに「HZ　VILLAGE」とシールが貼られていた。登記簿上では明菜の住所は板橋区内の住宅街にある一戸建てとされていた。しかし、その一軒家には別姓の表札が掛かり、辛うじて駐車スペースの壁面に「中森」と書かれたポストがあるだけで、明菜との繋がりについてはまったく窺い知ることができなかった。沈黙を破って声明を発表すれば、遅かれ早かれ、マスコミの取材が及ぶことは織り込み済みで、周到に準備した様子が見て取れた。

前事務所であるファイスの庇護下にある間は、仕事に関する窓口や身の周りの世話も含めた一切を門村に委ねている形で、明菜の近況が漏れてくることもなかった。表立った活動はなくとも、ファンクラブの収益や明菜をモチーフにしたパチンコ台の版権料、そして歌唱印税などの収入もあり、潤沢とは言えないまでも、一定の生活基盤は確保されていたはずだ。そこから独立するということは、今までの環境と決別し、すべてを一度リセットすることを意味する。

何が彼女を突き動かしたのか。

当然、そこには四十周年という節目であるにもかかわらず、自分がその中心にいない歯痒さや苛立ちもあっただろう。

芸能界では周年事業はプレ・イヤーから始まるケースも多いが、かつての所属レコード会社であるワーナーも、二〇二一年五月に明菜のデビュー四十周年を記念した特設サイトをいち早くオープンした。楽曲の解説や貴重なライブ映像の公開、さらには初めて明菜を知るリスナーに向けた企画も目白押しで、六月にはワーナー時代の全シングル六十二曲を収録した三十枚組のアナログボックスも発売された。

「みんなにとっての正義」

そして翌二二年に入ると、デビュー記念日にデビュー曲「スローモーション」の七インチシングルや当時の海外レコーディングの様子を収めたブルーレイをBOXセットで発売し、七月からは「復刻シリーズ」と銘打って、ワーナー時代のアルバム十四タイトル、ベストアルバム四タイトル、ミニアルバム五タイトルやボーナストラックなどを約二年かけて順次発売する大々的なキャンペーンを展開した。それはさながら、ワーナーに残された明菜の貴重音源や希少映像を一気に蔵出ししたかのような大盤振る舞いだった。

明菜のマネジメントに関わっていた元NAPCの江田敏明は、「私は彼女とはずっと会っていませんが、本人の与り知らないところで過去のアルバムなどを出されることは、彼女が一番嫌うパターンだと思う」と明菜の心情を慮《おもんぱか》った。

だが、ファンのなかには、八〇年代だけが中森明菜ではなく、意欲作を発表しながらも、埋もれてしまいがちな九〇年代以降の彼女にこそ真価があると感じている人も少なからずいる。その思いを受け止め、過去に拘泥するのではなく、前向きに下した決断が、今回の再始動宣言であったのだろう。

二〇二二年夏から俄《にわか》に慌ただしくなった明菜を巡っては、年末の紅白出場に向けて期待感が高まり、サプライズ出演があるのではないかとメディアで散々報じられた。だが、具体的な計画が進行していた痕跡は見受けられない。

同年十二月にはホームページを更新し、新たにファンクラブの募集を開始したが、そこに添えられたメッセージには、「何がみんなにとっての正義なんだろう?」と彼女らしい言い回しとともに、「自分で答えを出すことに覚悟が必要でしたが、私はこの道を選びました」と決意が綴られていた。

最後まで明菜の復帰を望んでいた元ワーナーの寺林晁も、二〇二二年十一月二十八日にこの世を去り、伝説の歌姫復活に向けた具体的な青写真は、まだ描けていない。果たして彼女が発した、救済を求める〝叫び声〟は、閉塞する今の音楽業界に届くだろうか。

明菜の歌手人生はデビューした八〇年代を第一幕とすれば、混迷の第二幕を経て、これから先は第三幕へと突入することになる。復活への道はまだ緒に就いたばかりだ。どんな歌声で幕が上がるのか。日本中が固唾を飲んで見守っている。

あとがき

一人のスター候補を世に送り出し、成功に導くまでにはマネジメント会社やレコード会社だけでなく、ミュージシャンや作詞家、作曲家、アレンジャー、さらにはスタイリストまで、実にたくさんのスタッフが関わっている。彼らがどんな思いで中森明菜という類いまれな才能を持つスターの成長を見届けてきたのか。彼らの目を通してデビューから四十周年を迎えた明菜の足跡を描き、表舞台から姿を消した彼女の不在を浮かび上がらせることが当初の目的だった。

四十年とひと口に言っても、積み重なった時間は果てしなく長く、そして重い。その道のりを辿る取材は、一つの提案がきっかけだった。

二〇二〇年十一月。私は前月、『週刊文春』の特派記者を五十歳の定年で卒業し、フリーランスのライターとしてスタートを切ったばかりだった。長年在籍したこともあり、フリーになったばかりのその月は、編集部で仕事をともにした社員編集者の面々が慰労を兼ねた会食の機会を設けてくれ、飲み会の予定がいくつも入っていた。その日は、月刊『文藝春秋』の編集長（当時）の松井一晃さんの誘いで、日本橋の割烹料理屋で三人で飲んでいた。

「本誌（月刊『文藝春秋』）でも何か書いてみませんか」

予めそう声を掛けて貰っていたので、事前にいくつか企画を提案していたが、松井編集長の口を衝いて出たのは、意外な名前だった。

「中森明菜……、どうですか」

私は十四年在籍した『週刊文春』で、政治家から暴力団までジャンルを問わず、幅広い分野を取材し、記事を書いてきた。とくに東京地検特捜部が扱うような経済事件の取材が多く、芸能関係の取材は薬物事案や詐欺事案など、事件が絡むもの以外はほとんど手掛けたことがなかった。

松井編集長と私は同い年で、同世代のスターについて、ある種の共通認識があったことも確かだった。例えば野球で言えば、甲子園で活躍する清原和博に熱狂しなかった者はいなかったし、一九八〇年代のアイドル隆盛の時代も目の当たりにしてきた世代である。ただ、中森明菜と聞いて、「なぜ今、中森明菜なのか」という思いが駆け巡り、同席した社員編集者にも後日、「松井さん、本気なのかな?」と確認したほどだった。

文春時代は、毎週毎週、事件や事故、政局など目まぐるしく変わるテーマで発注を受け、数日の間はそのネタに没頭して記事を仕上げることの繰り返しだった。GWや夏の合併号などでは、お題を与えられて企業研究や人物研究の読み物を書く機会も何度かあり、少ない人脈の手駒からスタートして、同僚記者の力を借りながら取材の過程で鉱脈を見つけ、何とか記事に纏めてきた。

明菜の取材には二〇二一年の春先から取り組んだが、関係者の口は一様に重く、進捗は捗々《はかばか》しくなかった。ただ、彼女の曲を何度も聴き、ライブ映像を観ているうちに、記憶の彼方に消えていた「少女A」のシングルレコードを買った日のことが蘇ってきた。「ザ・ベストテン」や「夜のヒットスタジオ」を通じて、明菜のヒット曲は大体耳にしたことがあったが、私が育った町にはレコード店はなく、繁華街まで電車で出掛けて買い求めた。

「少女A」が発売されてから一年近くが過ぎた中学生の時だった。

中学時代はいわゆるニューミュージックやロックに夢中になり、そのうちに『シンプジャーナル』（一九九〇年に廃刊）や『ロッキング・オン』などの音楽雑誌を読み、高校時代になると深夜ラジオを経由してイギリスのニューウェーブや一九六〇年代、七〇年代の欧米のロックに嵌り込んだ。当時はよく貸しカセット店を利用していたが、わざわざ「少女A」のレコードを買いに行った経緯はまるで思い出せなかった。

矢島賢のギターで始まる印象的なイントロとロック調の曲は、他のアイドルの楽曲とは異質で、田舎の中学生にとっても、レコードを手許に置いておきたいと思うほどインパクトがあったということだろう。その記憶が呼び起こされたことで、取材の突破口が見えた気がして、あとは背中を押されるように取材を進めた。その過程で知り合った音楽関係者から誘われるままに音楽番組の構成作家の仕事も始め、彼女の楽曲を取り上げた企画にも携わるなど、得るものも多かった。

明菜の記事は、二〇二一年八月号から四回にわたって月刊『文藝春秋』に掲載された。彼女にとっては触れて欲しくない家族や過去のスキャンダルについても言及したが、決して避けて通る訳にはいかなかった。それらを含めた全てが中森明菜というアーティストを形作っているファクターであったからだ。

本書は、その後の追加取材を含めて、大幅に加筆と修正をしてまとめたものだ。

この取材のきっかけを与えてくれた松井一晃・現Ｎｕｍｂｅｒ編集局局長、連載を担当してくれた月刊『文藝春秋』編集部の中村雄亮氏、そして出版に際してお世話になったノンフィクション出版部の松﨑匠氏に、感謝を申し上げたい。

ボブ・ディランの名曲「嵐からの隠れ場所」は傷つき苦悩する男に、女が嵐からの隠れ場所を用意し、手招きする様子が難解な詞で描かれている。しかし、当然ながら、その先の結論はない。男はそこに逃げ込んだかもしれないし、誘いには乗らなかったのかもしれない。設定は逆だが、明菜はこれまでの守られた環境から再び嵐のなかに飛び出し、復活に向けて舵を切った。晴れ間からのぞく太陽の光に向かい、ゆっくりと歩き出していく時を待ちたいと思う。

【参考文献】

中森明菜『本気だよ 菜の詩－17歳』（小学館、一九八三年）
山田修爾『ザ・ベストテン』（新潮社、二〇一二年）
萩田光雄『ヒット曲の料理人　編曲家・萩田光雄の時代』（リットーミュージック、二〇一八年）
濱口英樹『ヒットソングを創った男たち　歌謡曲黄金時代の仕掛人』（シンコーミュージック・エンタテイメント、二〇一八年）
若松宗雄『松田聖子の誕生』（新潮新書、二〇二二年）
川原伸司『ジョージ・マーティンになりたくて～プロデューサー川原伸司、素顔の仕事録』（シンコーミュージック・エンタテイメント、二〇二二年）
渡邉裕二『中森明菜の真実』（ＭｄＮ新書、二〇二二年）
安田浩一「中森明菜とその時代　孤独の研究」（『週刊ポスト』二〇一三年七月十九・二十六日合併号～十月十八日号、全十一回連載）
ほか、各週刊誌、月刊誌、スポーツ紙の記事を参考にした。

中森明菜関連年表　1965-2023

1965年	7月13日	中森明男と千恵子の間に、五人目の三女として生まれる
1977年		東京都清瀬市の自宅を増改築して二階建てに
1981年	7月11日	「スター誕生!」(日本テレビ系)で合格し、その後ワーナー・パイオニアと契約
1982年	5月 1日	ファーストシングル「スローモーション」発売
	5月 5日	豊島園の野外ステージでミニコンサート
	7月 1日	ファーストアルバム「プロローグ〈序章〉」発売
	7月28日	セカンドシングル「少女A」発売
	9月16日	「ザ・ベストテン」(TBS系)に9位で初登場
	10月27日	セカンドアルバム「バリエーション〈変奏曲〉」発売
	11月10日	サードシングル「セカンド・ラブ」発売
	11月18日	「ザ・ベストテン」で静岡放送にタクシーで乗りつけて中継。歓声の中「少女A」を唄う
	12月24日	企画アルバム「Seventeen」発売
	12月31日	日本有線大賞新人賞受賞
1983年	2月23日	シングル「1/2の神話」発売
	2月27日	初の全国ツアー「Akina Milkyway '83 春の風を感じて」開始
	3月 7日	「1/2の神話」がオリコン1位を獲得
	6月 1日	シングル「トワイライト-夕暮れ便り-」発売
	8月10日	サードアルバム「NEW AKINA エトランゼ」発売
	9月 7日	シングル「禁区」発売
	12月21日	初のベストアルバム「BEST AKINA メモワール」発売
	12月31日	第25回日本レコード大賞でゴールデンアイドル賞、ゴールデンアイドル特別賞を受賞。第34回NHK紅白歌合戦に初出場し「禁区」を唄う
1984年	1月 1日	シングル「北ウイング」発売
	4月11日	シングル「サザン・ウインド」発売
	5月 1日	アルバム「ANNIVERSARY」発売
	7月25日	シングル「十戒(1984)」発売
	10月10日	アルバム「POSSIBILITY」発売
	11月14日	シングル「飾りじゃないのよ涙は」発売
	12月21日	企画アルバム「SILENT LOVE」発売
	12月31日	第26回日本レコード大賞で金賞、最優秀スター賞受賞
1985年	1月26日	近藤真彦と共演した映画「愛・旅立ち」が公開
	3月 8日	シングル「ミ・アモーレ[Meu amor é…]」発売
	4月 3日	アルバム「BITTER AND SWEET」発売
	5月 1日	シングル「赤い鳥逃げた」発売
	6月19日	シングル「SAND BEIGE-砂漠へ-」発売
	8月10日	アルバム「D404ME」発売
	10月 9日	シングル「SOLITUDE」発売
	12月21日	企画アルバム「MY BEST THANKS」発売
	12月31日	「ミ・アモーレ[Meu amor é…]」で第27回レコード大賞を受賞
1986年	2月 3日	シングル「DESIRE-情熱-」発売
	4月 1日	ベストアルバム「BEST」発売
	5月26日	「ジプシー・クイーン」発売
	8月11日	アルバム「不思議」発売
	9月25日	シングル「Fin」発売
	11月10日	「ノンフィクション エクスタシー」発売
	12月24日	アルバム「CRIMSON」発売
	12月31日	「DESIRE-情熱-」で第28回レコード大賞を受賞
1987年	2月 4日	シングル「TANGO NOIR」発売
	5月 1日	ベストアルバム「CD'87」発売

	6月　3日	シングル「BLONDE」発売
	8月25日	アルバム「Cross My Palm」発売
	9月30日	シングル「難破船」発売
	12月31日	第29回日本レコード大賞で金賞、特別大衆賞、優秀アルバム賞受賞
1988年	1月　6日	「夜のヒットスタジオ」(フジテレビ系)で、加藤登紀子と近藤真彦が見守るなか「難破船」を熱唱
	1月27日	シングル「AL-MAUJ(アルマージ)」発売
	3月　3日	アルバム「Stock」発売
	5月18日	シングル「TATTOO」発売
	6月　1日	企画アルバム「Wonder」発売
	8月　3日	アルバム「Femme Fatale」発売
	11月　1日	シングル「I MISSED “THE SHOCK”」発売
	12月24日	ベストアルバム「BEST II」発売
	12月31日	第30回日本レコード大賞で金賞受賞
1989年	4月25日	シングル「LIAR」発売
	4月29日	よみうりランドEASTで「AKINA EAST LIVE」開催
	6月24日	美空ひばりが逝去。享年五十二
	7月11日	六本木の近藤真彦の自宅マンションで自殺未遂
	7月25日	ライブアルバム「CRUISE」発売
	11月17日	企画アルバム「AKINA EAST LIVE INDEX XXIII」発売
	12月28日	新事務所「コレクション」設立を発表
	12月31日	午後10時から新高輪プリンスホテルで復帰会見
1990年	7月17日	シングル「Dear Friend」発売
	11月　6日	シングル「水に挿した花」発売
1991年	3月25日	シングル「二人静-『天河伝説殺人事件』より」発売
	9月	新事務所「コンティニュー」設立
1992年	4月13日	安田成美と共演したドラマ「素顔のままで」(フジテレビ系)放送開始
	11月10日	ベストアルバム「BEST III」発売
1993年	5月21日	MCAビクターから、シングル「Everlasting Love」「NOT CRAZY TO ME」発売
	9月22日	アルバム「UNBALANCE+BALANCE」発売
1994年	3月24日	シングル「片想い」「愛撫」発売。初のカバーアルバム「歌姫」発売
	9月　2日	シングル「夜のどこかで〜night shift〜」発売
	10月　5日	シングル「月華」発売
1995年	6月10日	母・千恵子が逝去。享年五十八
	6月21日	シングル「原始、女は太陽だった」発売
	7月21日	アルバム「la alteración」発売
	11月　1日	シングル「Tokyo Rose」発売
	12月　6日	ベストアルバム「true album akina 95 best」
1996年	8月　7日	シングル「MOONLIGHT SHADOW-月に吠えろ」発売
1997年	2月21日	シングル「APPETITE」発売
	3月21日	アルバム「SHAKER」発売
1998年	1月12日	永作博美と共演したドラマ「冷たい月」(日本テレビ系)放送開始
	2月11日	ガウスエンタテインメントから、シングル「帰省〜Never Forget〜」発売
	5月21日	シングル「今夜、流れ星」発売
	6月17日	アルバム「SPOON」発売
	9月23日	シングル「とまどい」発売
1999年	1月21日	シングル「オフェリア」発売
	11月12日	ガウスエンタテインメント社長が記者会見。「彼女は、この業界に置いてはいけないタレント」と発言
	12月　1日	シングル「Trust Me」、アルバム「will」発売
2001年	7月10日	@easeからシングル「It's brand new day」配信
2002年	3月20日	カバーアルバム「-ZEROalbum-歌姫2」発売

	5月 2日	ユニバーサルミュージックから、シングル「The Heat〜musica fiesta〜」発売
	5月22日	アルバム「Resonancia」発売
	12月 4日	ベストアルバム「Akina Nakamori〜歌姫ダブル・ディケイド」発売
2003年	4月30日	シングル「Days」発売
	5月14日	アルバム「I hope so」発売
	12月 3日	カバーアルバム「歌姫3〜終幕」発売
2004年	5月12日	シングル「赤い花」発売
	7月 7日	シングル「初めて出逢った日のように」発売
2005年	12月 7日	シングル「落花流水」発売
2006年	1月11日	ベストアルバム「BEST FINGER 25th anniversary selection」発売
	5月17日	シングル「花よ踊れ」発売
	6月21日	アルバム「DESTINATION」発売
2007年	1月17日	ベストアルバム「歌姫ベスト〜25th Anniversary Selection」発売
	3月28日	ベストアルバム「バラード・ベスト〜25th Anniversary Selection」発売
	6月27日	カバーアルバム「艶華-Enka-」発売
2008年	2月27日	ベストアルバム「歌姫伝説〜90's BEST」発売
	12月24日	カバーアルバム「フォーク・ソング〜歌姫抒情歌」発売
2009年	6月24日	カバーアルバム「ムード歌謡〜歌姫昭和名曲集」発売
	7月29日	カバーアルバム「フォーク・ソング2〜歌姫哀翔歌」発売
	8月26日	アルバム「DIVA」発売
	9月23日	シングル「DIVA」発売
2010年	7月13日	シングル「Crazy Love」発売
	10月28日	公式サイトで「体調不良により当面の芸能活動を休止」と発表
2014年	8月 6日	ベストアルバム「オールタイム・ベスト-オリジナル」、カバーアルバム「オールタイム・ベスト-歌姫-」発売
	12月 3日	アルバム「オールタイム・ベスト-オリジナル-&-歌姫-」発売
	12月31日	NHK紅白歌合戦でゲストとしてNYから生中継で出演
2015年	1月21日	シングル「Rojo-Tierra-」発売
	1月28日	カバーアルバム「歌姫4-My Eggs Benedict」発売
	9月30日	シングル「unfixiable」発売
	12月30日	アルバム「FIXER」発売
2016年	2月24日	シングル「FIXER-WHILE THE WOMEN ARE SLEEPING-」
2017年	11月 8日	アルバム「明菜」、カバーアルバム「Cage」発売
2020年	12月21日	ベストアルバム「歌姫 -Stereo Sound Selection-」発売
2021年	9月30日	ベストアルバム「歌姫 -Stereo Sound Selection-Vol.2」発売
	12月10日	ベストアルバム「歌姫 -Stereo Sound Selection-Vol.3」発売
2022年	3月24日	ベストアルバム「歌姫 -Stereo Sound Selection-Vol.4」発売
	4月30日	NHKのBSプレミアムで「AKINA EAST LIVE」放送
	7月13日	ベストアルバム「オールタイム・ベスト-オリジナル-Stereo Sound Selection Vol.5」
	8月23日	新事務所「HZ VILLAGE」設立
	8月30日	ツイッターで再始動に向けてメッセージを発信
	11月16日	ベストアルバム「歌姫-Stereo Sound Selection-Vol.6」発売
2023年	5月 1日	「BEST」、「不思議」、「CRIMSON」の3アルバムをデビュー41周年を記念して復刻発売予定

西﨑伸彦（にしざき　のぶひこ）

1970年岡山県生まれ。立命館大学卒業後、『週刊ポスト』記者を経て、2006年から『週刊文春』記者となり、2020年11月からフリー。経済事件を始め、幅広い分野で取材・執筆を行なっている。2021年5月からは音楽番組の構成作家としても活動。著書に『巨人軍「闇」の深層』（文春新書）がある。

中森明菜《なかもりあきな》　消《き》えた歌姫《うたひめ》

2023年（令和5年）4月10日　第1刷発行

著者　西﨑伸彦《にしざきのぶひこ》

発行者　大松芳男

発行所　株式会社　文藝春秋

〒102－8008　東京都千代田区紀尾井町三－二三

☎〇三－三二六五－一二一一（代表）

印刷所　図書印刷

付物印刷　図書印刷

製本所　図書印刷

定価はカバーに表示してあります。

万一、落丁・乱丁の場合は小社製作部宛お送り下さい。送料小社負担でお取替え致します。

ISBN978-4-16-391684-2